Н.П. Андрюшина

ТЕСТОВЫЙ ПРАКТИКУМ ПО РУССКОМУ ЯЗЫКУ КАК ИНОСТРАННОМУ

II сертификационный уровень
Общее владение

Санкт-Петербург
«Златоуст»

2019

Андрюшина, Н.П., Макова, М.Н.
    Тестовый практикум по русскому языку как иностранному. II сертификационный уровень. Общее владение. — СПб. : Златоуст, 2019. — 164 с.

Andryushina, N.P., Makova, M.N.
    Test workshop on Russian as a foreign language. Level B2. Common language. — St. Petersburg : Zlatoust, 2019. — 164 p.

Зав. редакцией: *А.В. Голубева*
Редактор: *И.В. Евстратова*
Корректор: *О.С. Капполь*
Оригинал-макет: *Л.О. Пащук*

Данная книга является продолжением сборника «Тренировочные тесты по русскому языку как иностранному. II сертификационный уровень. Общее владение» (СПб.: Златоуст, 2008). В книгу включены два новых варианта тестов данного уровня, в которых больше внимания уделяется аспектам, представляющим трудность для иностранцев. Предлагаемые материалы прошли апробацию при текущем контроле в учебных группах и во время пробного сертификационного тестирования.

Книга адресуется иностранным гражданам, готовящимся к сдаче теста по русскому языку как иностранному с целью получения Сертификата II сертификационного уровня (B2), преподавателям русского языка как иностранного, работающим в России и за рубежом, а также разработчикам контрольных материалов в тестовой форме.

QR-коды со ссылками на аудио- и видеозаписи размещены в тексте издания.

ISBN 978-5-907123-14-4

Подготовка оригинал-макета: издательство «Златоуст».
Подписано в печать 12.07.19. Формат 60x90/16. Печ.л. 10,25. Печать офсетная.
Тираж 1000 экз. Заказ № 19070286.
Код продукции: ОК 005-93-953005.

Санитарно-эпидемиологическое заключение на продукцию издательства Государственной СЭС РФ № 78.01.07.953.П.011312.06.10 от 30.06.2010 г.

Издательство «Златоуст»: 197101, Санкт-Петербург, Каменноостровский пр., д. 24, литера В, п. 1-Н. Тел.: (+7-812) 346-06-68, 703-11-78, e-mail: sales@zlat.spb.ru, http://www.zlat.spb.ru

Отпечатано в типографии ООО «Лесник-Принт».
192007, Санкт-Петербург, Лиговский пр., д. 201, лит. А, пом. 3Н. Тел.: (+7-812) 380-93-18.

СОДЕРЖАНИЕ КОММУНИКАТИВНО-РЕЧЕВОЙ КОМПЕТЕНЦИИ[1]

1. Интенции. Ситуации и темы общения

1.1. При решении коммуникативных задач в рамках данного уровня иностранец должен уметь вербально реализовывать не только простые, но и сложные интенции, которые моделируют собственно коммуникативный процесс, регулируют поведение и взаимодействие коммуникантов, выражают их оценочные позиции:

а) контактоустанавливающие интенции:
- вступать в коммуникацию;
- инициировать беседу;
- поддерживать беседу;
- изменять тему беседы;
- завершать беседу адекватно ситуации общения;
- приветствовать, привлекать внимание;
- представляться, представлять кого-либо;
- прощаться, благодарить;
- извиняться;
- поздравлять;
- соболезновать, желать удачи;
- приглашать (в соответствии с правилами речевого этикета);

б) регулирующие интенции:
- побуждать собеседника к совершению действия: выражать просьбу, совет, предложение, пожелание, требование, указание;
- реагировать на побуждение: выражать согласие/несогласие, разрешать, запрещать, возражать, сомневаться, обещать, давать гарантии и др.;

[1] Далее приводятся фрагменты издания: Государственный образовательный стандарт по русскому языку как иностранному. Второй уровень. Общее владение. М.; СПб.: Златоуст, 1999.

СОДЕРЖАНИЕ

ОБ ЭТОЙ КНИГЕ

Книга «Тестовый практикум по русскому языку как иностранному» адресована всем, кто, изучая русский язык, прошёл программу II сертификационного уровня и хочет подготовиться к тестированию, чтобы получить Сертификат. Эта книга будет также полезна тем, кто хотел бы самостоятельно проверить свой уровень владения русским языком.

Второй уровень владения русским языком соответствует уровню B2 европейской системы уровней владения иностранными языками. Этот уровень свидетельствует о достаточно высокой степени коммуникативной компетенции во всех сферах общения.

«Тестовый практикум» поможет повторить лексику и грамматику, проверить сформированность ваших умений в чтении, аудировании, письме, говорении.

Содержание текстов и заданий базируется на Лексическом минимуме II сертификационного уровня, включающем примерно 5100 единиц и ограниченный список фразеологизмов и устойчивых словосочетаний. Авторы книги считают полезным познакомить вас с Требованиями ко второму уровню владения языком, чтобы вы имели более полное представление о характере задач, которые вам придётся решать в процессе тестирования.

В этой книге вы познакомитесь с двумя вариантами тестов II сертификационного уровня. Оба варианта теста состоят из пяти частей (субтестов):

1) Лексика. Грамматика;
2) Чтение;
3) Аудирование;
4) Письмо;
5) Говорение.

Каждый субтест содержит определённое количество заданий, оцениваемых в баллах, и должен выполняться за время, указанное в инструкции к выполнению задания.

Субтест	Кол-во позиций	Время выполнения
1. Лексика. Грамматика	150	90 минут
2. Чтение	25	60 минут
3. Аудирование	25	30–40 минут
4. Письмо	3	55 минут
5. Говорение	15	55–60 минут

Вы можете получить Сертификат, если выполните каждый субтест не менее чем на 66 %. Вы можете также получить Сертификат, если выполните четыре субтеста на 66 % и более, а один субтест — на 60–65 %.

В этой книге мы старались дать вам советы, которые помогут выполнить тест. По контрольной матрице в конце вариантов вы сможете проверить полученные результаты, а в конце книги вы найдёте образцы выполнения некоторых заданий по письму и говорению. Это поможет вам оценить свою работу.

Для подготовки к тестам по аудированию и говорению мы предлагаем вам прослушать и просмотреть соответствующие части электронного приложения, доступ к которому вы получаете через QR-код. Таким образом вы научитесь лучше понимать сообщения, диалоги и видеофрагменты, а также подготовитесь к беседе с тестирующим.

Если полученные результаты не удовлетворят вас, не огорчайтесь. Повторите материал второго уровня и выполните оба теста ещё раз. Получить консультацию по подготовке к тестированию и пройти пробное тестирование вы можете в Центрах тестирования иностранных граждан по русскому языку.

Желаем вам успеха!

Авторы

СОДЕРЖАНИЕ КОММУНИКАТИВНО-РЕЧЕВОЙ КОМПЕТЕНЦИИ[1]

1. Интенции. Ситуации и темы общения

1.1. При решении коммуникативных задач в рамках данного уровня иностранец должен уметь вербально реализовывать не только простые, но и сложные интенции, которые моделируют собственно коммуникативный процесс, регулируют поведение и взаимодействие коммуникантов, выражают их оценочные позиции:

а) контактоустанавливающие интенции:
- вступать в коммуникацию;
- инициировать беседу;
- поддерживать беседу;
- изменять тему беседы;
- завершать беседу адекватно ситуации общения;
- приветствовать, привлекать внимание;
- представляться, представлять кого-либо;
- прощаться, благодарить;
- извиняться;
- поздравлять;
- соболезновать, желать удачи;
- приглашать (в соответствии с правилами речевого этикета);

б) регулирующие интенции:
- побуждать собеседника к совершению действия: выражать просьбу, совет, предложение, пожелание, требование, указание;
- реагировать на побуждение: выражать согласие/несогласие, разрешать, запрещать, возражать, сомневаться, обещать, давать гарантии и др.;

---

[1] Далее приводятся фрагменты издания: Государственный образовательный стандарт по русскому языку как иностранному. Второй уровень. Общее владение. М.; СПб.: Златоуст, 1999.

в) информативные интенции:
• запрашивать информацию о событиях и фактах, об условиях, целях, причинах, следствиях, о возможности, необходимости и др., а также дополнять, выяснять, расспрашивать, уточнять, объяснять и др.;

г) оценочные интенции:
• выражать и выяснять интеллектуальное отношение: высказывать желание, намерение, потребность, предпочтение, осведомлённость, предположение, мнение;
• выражать и выяснять социально-правовую оценку: оправдывать, защищать, обвинять;
• выражать и выяснять рациональную оценку: сравнивать со стандартом, нормой, оценивать целесообразность, эффективность, возможность, вероятность и т.д.;
• выражать и выяснять эмоциональную оценку: высказывать предпочтение, удивление, опасение, удовольствие/неудовольствие, надежду, любопытство, раздражение, равнодушие, восхищение, разочарование, безразличие, радость/печаль, страх и т.д.

1.2. Иностранец должен уметь ориентироваться и реализовывать свои коммуникативные намерения адекватно своему социальному статусу в следующих ситуациях общения:
• **в социально-бытовой сфере** — при обеспечении личных потребностей — в банке, в поликлинике, в страховой компании, в ресторане, в транспорте и т.д.;
• **в социально-культурной сфере** — при удовлетворении своих эстетических и познавательных потребностей — в театре, в кино, в клубе, на выставке, в музее, в библиотеке;
• **в официально-деловой сфере** — при решении социально-правовых вопросов в администрации, налоговой инспекции, в ГИБДД, в банке и т.д.

1.3. Иностранец должен уметь осуществлять речевое общение в устной и письменной формах в рамках актуальной для данного уровня тематики, которая представляет собой три тематических круга:

- первый круг тем актуален для говорящего как личности:
  «Человек и его личная жизнь»;
  «Семья»;
  «Работа»;
  «Отдых»;
  «Мужчина и женщина»;
  «Родители и дети»;
  «Путешествия»;
  «Свободное время»;
  «Увлечения»;
- второй круг тем имеет социально-культурный характер:
  «Человек и общество»;
  «Человек и политика»;
  «Человек и экономика»;
  «Человек и наука»;
  «Человек и искусство»;
- третий круг тем связан с общегуманистической проблематикой:
  «Человек и природа»;
  «Земля — наш общий дом»;
  «Духовное развитие человечества»;
  «Человек и освоение космического пространства».

2. Требования к речевым умениям

2.1. Аудирование

Иностранец должен уметь:

- понимать на слух содержание законченного по смыслу аудиотекста, в котором используются в основном эксплицитные способы выражения содержания, а допустимые имплицитные формы отличаются высокой частотностью и стандартностью моделей продуцирования смысла;
- достигать необходимых уровней понимания в различных сферах и ситуациях общения в соответствии с заданными параметрами социальных и поведенческих характеристик общения;

• понимать основное тематическое содержание, а также наиболее функционально значимую смысловую информацию, отражающую намерения говорящего;

• понимать семантику отдельных фрагментов текста и ключевых единиц, определяющих тематическое содержание;

• понимать основные социально-поведенческие характеристики говорящего;

• понимать основные цели и мотивы говорящего, характер его отношения к предмету речи и реципиенту, выраженные в аудиотексте эксплицитно.

Аудирование монологической речи
Тематика текста: актуальна для социально-бытовой, официально-деловой и социально-культурной сфер общения.
Тип текста: монолог описательно-повествовательного характера с эксплицитно выраженной оценкой; информационные мини-монологи оперативно-фактического характера.
Количество незнакомых слов: до 10 %.

Аудирование диалогической речи
Тематика теста: актуальна для социально-бытовой и социально-культурной сфер общения.
Количество незнакомых слов: до 10 %.

2.2. Чтение

Иностранец должен уметь:

• извлекать из текста фактическую информацию, выделять основную и второстепенную информацию, понимать эксплицитно выраженное отношение автора;

• понимать содержание текста в целом, определять тему и идею, а также представлять логическую схему развёртывания текста;

• при чтении художественной литературы следить за ходом событий, изложенных в тексте, квалифицировать способ сообщения, определять отношение автора к событию, выражать собственную оценку прочитанного.

Вид чтения: просмотровое, поисковое, чтение с общим охватом содержания, изучающее (в комбинаторике).

Тип текста: текст описательного и повествовательного характера с элементами рассуждения и эксплицитно выраженной авторской оценкой; художественный текст повествовательного характера.

Тематика текста: актуальна для социально-культурной, официально-деловой сфер общения.

Количество незнакомых слов: до 10 %.

Скорость чтения: при изучающем чтении — 50 слов в минуту; при чтении с общим охватом содержания — 200–220 слов в минуту; при просмотрово-поисковом чтении — 450–500 слов в минуту.

2.3. Письмо

Иностранец должен уметь:

• репродуцировать письменный текст и аудиотексты, демонстрируя умение выделять основную информацию, производить компрессию путём исключения второстепенной информации;

• продуцировать письменный текст, относящийся к официально-деловой сфере общения (заявление, объяснительную записку, доверенность, рекомендацию и т.д.);

• осуществлять письменное общение, вести записи на основе увиденного и прочитанного с элементами количественной и качественной характеристики, оценки, с использованием типизированных композиционных компонентов (введения, развёртывания темы, заключения).

Типы продуцируемого текста: тексты официально-делового характера; официальное и неофициальное письмо описательно-повествовательного типа с элементами рассуждения.

Тематика текста: актуальна для социально-бытовой, социально-культурной, официально-деловой сфер общения.

Количество незнакомых слов: до 10 %.

Письменные тексты должны быть оформлены в соответствии с нормами современного русского языка.

2.4. Говорение

Иностранец должен уметь:
• достигать определённых целей коммуникации в различных сферах общения с учётом социальных и поведенческих ролей в диалогической и монологической формах речи;
• организовывать речь в форме диалога, быть инициатором диалога-расспроса, используя развитую тактику речевого общения;
• продуцировать монологические высказывания, содержащие: описание конкретных и абстрактных объектов; повествование об актуальных для говорящего событиях во всех видо-временных планах; рассуждения на актуальные для говорящего темы, содержащие выражение мнения, аргументацию с элементами оценки, выводы;
• достигать цели коммуникации в ситуации свободной беседы, где роль инициатора общения принадлежит собеседнику и где необходимо умение реализовать тактику речевого поведения, характерную для неподготовленного общения в рамках свободной беседы (преимущественно на социально-культурные темы).

ВАРИАНТ I

Субтест 1. ЛЕКСИКА. ГРАММАТИКА

Инструкция к выполнению теста

Время выполнения теста — 90 минут. Тест состоит из 8 заданий и включает 150 позиций.

При выполнении теста пользоваться словарём нельзя.

В тесте слева даны предложения (1, 2 и т.д.), а справа — варианты выбора. Выберите правильный вариант и отметьте соответствующую букву на матрице. Например:

А (Б) В Г (Б — правильный вариант).

Если вы ошиблись и хотите исправить ошибку, сделайте так:

А (Б) (В) Г (В — ошибка, Б — правильный вариант).

Задание 1. Выберите правильный вариант ответа.

1. Ты знаешь, ... моих друзей много людей творческих профессий.	(А) кроме (Б) вместо (В) среди (Г) между
2. Максим вышел ... стола и подошёл к окну.	(А) от (Б) из-за (В) со (Г) из
3. ... я уговаривал друзей поехать за город: никто не согласился.	(А) Напрасно (Б) Бесполезно (В) Бессмысленно (Г) Неудачно

4. Обычно из Москвы в Петербург ходят ... поезда.	(А) долгие (Б) продолжительные (В) длительные (Г) длинные
5. Сегодня мы получили ... жалобу от клиентов.	(А) постоянную (Б) регулярную (В) частотную (Г) очередную
6. Мой брат — человек ... , всегда помогает тем, кто попал в беду.	(А) отзывчивый (Б) искренний (В) открытый (Г) дружелюбный
7. Дима плохо занимался и не сдал экзамен, это вполне	(А) легкомысленно (Б) закономерно (В) стабильно (Г) принципиально
8. Городская дума решила провести ... населения.	(А) расспрос (Б) опрос (В) запрос (Г) допрос
9. После обсуждения проекта все ... города высказались за сохранение здания театра.	(А) жители (Б) горожане (В) граждане (Г) люди
10. На этой неделе состоялось под- писание ... о сотрудничестве между двумя фирмами.	(А) контракта (Б) заявления (В) объявления (Г) договора
11. Хорошо поставленный бизнес может принести ... прибыль.	(А) двоякую (Б) двойную (В) двойственную (Г) двоичную

12. Это новый ... проект.	(А) образованный (Б) образовательный (В) образующий (Г) образцовый
13. Текст ... , его нетрудно переска- зать.	(А) понимаемый (Б) понятливый (В) понятный (Г) понятый
14. Если тебе трудно, попроси ... тебе помочь.	(А) кого-нибудь (Б) кое-кого (В) кого-то (Г) кого
15. ... играет духовой оркестр. Может быть, пойдём послушаем?	(А) Где-либо (Б) Кое-где (В) Где-нибудь (Г) Где-то
16. Эксперт Максимов занимается вопросами культурного	(А) наследия (Б) наследования (В) наследства (Г) наследника
17. Чтобы получить эту должность, надо пройти строгий	(А) подбор (Б) выбор (В) набор (Г) отбор
18. В часы пик в городе интенсивное	(А) движение (Б) передвижение (В) выдвижение (Г) продвижение
19. Дедушка многое ... в своей жизни: и взлёты, и падения.	(А) прожил (Б) выжил (В) пережил (Г) нажил

20. Я буду занят, нам придётся ... завтрашнюю встречу.	(А) изменить (Б) сменить (В) заменить (Г) отменить
21. Пожалуйста, ... в квитанции, что вы получили заказанные книги.	(А) подпишитесь (Б) запишитесь (В) распишитесь (Г) впишитесь
22. Извините, я ... и назвал непра-вильное время: мы встречаемся в семь.	(А) проговорился (Б) оговорился (В) наговорился (Г) договорился
23. Во время стажировки студенты ... опыт работы с детьми.	(А) приобрели (Б) достали (В) вынесли (Г) взяли
24. Никому не нужны твои советы. Не ... не в своё дело!	(А) иди (Б) беги (В) лезь (Г) ходи
25. Перед поездкой Ольга уточнила, что можно ... за границу.	(А) носить (Б) вести (В) тащить (Г) везти
26. Мне кажется, ... пробку можно по соседней улице.	(А) переехать (Б) заехать (В) объехать (Г) проехать
27. Здесь огромный выбор подарков! Просто глаза	(А) сбегаются (Б) убегают (В) разбегаются (Г) перебегают

28. Не надо меня обманывать! Вечно ты … меня за нос!	(А) тащишь (Б) носишь (В) возишь (Г) водишь
29. Своими действиями ты … друзей.	(А) поведёшь (Б) подведёшь (В) приведёшь (Г) уведёшь
30. Этот роман … автору большой успех.	(А) вынес (Б) поднёс (В) внёс (Г) принёс
31. Не стоит волноваться по пустякам и … из себя.	(А) приходить (Б) выходить (В) уходить (Г) сходить

Задание 2. Выберите правильный вариант ответа.

32. Мы с трудом шли сквозь … .	(А) заросли кустов (Б) зарослей кустов (В) зарослям кустов (Г) зарослями кустов
33. Это уже вчерашний день. Проблемы, которые обсуждают на этом сайте, намного … .	(А) актуальные (Б) актуальнее (В) актуально (Г) актуальных
34. Автор статьи ссылается … экологов.	(А) на информацию (Б) с информацией (В) к информации (Г) от информации

35. Один из выходов на нашей станции метро закрыли	(А) при ремонте (Б) для ремонта (В) с ремонтом (Г) на ремонт
36. Николай согласился поехать в командировку ради ... по службе.	(А) быстрого продвижения (Б) быстрым продвижением (В) быстрому продвижению (Г) быстрое продвижение
37. ... в университете откроется научная конференция.	(А) За месяц (Б) На месяц (В) Через месяц (Г) Около месяца
38. Объявлено, что конференция продлится	(А) неделя (Б) неделю (В) на неделю (Г) от недели
39. Участники конференции будут проживать ... в гостинице.	(А) на эти дни (Б) эти дни (В) в эти дни (Г) за эти дни
40. Для выступления с докладом на конференции отводится	(А) в течение 20 минут (Б) 20 минут (В) через 20 минут (Г) на 20 минут
41. Всех туристов восхищает ... этих мест.	(А) удивительная красота (Б) удивительной красоты (В) удивительную красоту (Г) удивительной красотой
42. Видимо, ... Вадим рассказал далеко не всё.	(А) от осторожности (Б) для осторожности (В) благодаря осторожности (Г) из осторожности

43. ... Леночка никого не предупредила о своём отъезде.	(А) Вследствие легкомыслия (Б) По легкомыслию (В) От легкомыслия (Г) В результате легкомыслия
44. Ваше объяснение кажется мне	(А) неубедительно (Б) неубедительное (В) неубедительным (Г) неубедительном
45. С этой просьбой тебе лучше обратиться	(А) в учебный отдел (Б) на учебный отдел (В) через учебный отдел (Г) к учебному отделу
46. Эти черты характерны	(А) в современной экономике (Б) к современной экономике (В) с современной экономикой (Г) для современной экономики
47. С большим трудом альпинисты достигли	(А) к намеченной цели (Б) до намеченной цели (В) с намеченной целью (Г) намеченной цели
48. Этот ребёнок отличается	(А) от необыкновенной любознательности (Б) с необыкновенной любознательностью (В) необыкновенную любознательность (Г) необыкновенной любознательностью

49. К сожалению, Вадим быстро разочаровался … .	(А) в своей новой работе (Б) от своей новой работы (В) своей новой работой (Г) в свою новую работу
50. Он никогда не сомневается … .	(А) про будущий результат (Б) в будущем результате (В) будущего результата (Г) будущим результатом
51. Я убеждён, что не надо гнаться … .	(А) к лёгкому успеху (Б) лёгкий успех (В) за лёгким успехом (Г) в лёгком успехе
52. Андрей уволился с работы, потому что не хотел подчиняться … .	(А) нового начальника (Б) для нового начальника (В) новому начальнику (Г) с новым начальником
53. Это открытие считается … в своей области.	(А) важнейшее событие (Б) о важнейшем событии (В) к важнейшему событию (Г) важнейшим событием
54. Как вы думаете, какие факторы влияют … ?	(А) с успешной карьерой (Б) на успешную карьеру (В) в успешной карьере (Г) для успешной карьеры
55. Не понимаю, почему ты настаиваешь … .	(А) на своём предложении (Б) со своим предложением (В) к своему предложению (Г) о своём предложении
56. Много любопытных фактов читатели узнали … газеты.	(А) из последнего номера (Б) от последнего номера (В) на последнем номере (Г) с последним номером

57. Скажи, как ты относишься … ?	(А) для новой сотрудницы (Б) новой сотрудницей (В) к новой сотруднице (Г) на новую сотрудницу
58. Отец не удивился … .	(А) моим решением (Б) моего решения (В) моему решению (Г) с моим решением
59. Бабушка по праздникам всегда угощает нас … .	(А) фирменных пирогов (Б) к фирменным пирогам (В) фирменные пироги (Г) фирменными пирогами
60. Вы не знаете, где можно найти специалиста … ?	(А) с такими болезнями (Б) таких болезней (В) по таким болезням (Г) о таких болезнях
61. Все коллеги сразу заинтересовались … .	(А) к моим предложениям (Б) моими предложениями (В) моим предложениям (Г) на мои предложения
62. Наша продукция соответствует … .	(А) мировым стандартам (Б) мировых стандартов (В) к мировым стандартам (Г) в мировых стандартах
63. На пути к вершине альпинистам пришлось преодолеть … .	(А) многочисленных препятствий (Б) многочисленные препятствия (В) к многочисленным препятствиям (Г) многочисленными препятствиями

II сертификационный уровень. Общее владение. Вариант I

64. В своих статьях этот журналист всегда касается … .	(А) острых вопросов (Б) с острыми вопросами (В) до острых вопросов (Г) острым вопросам
65. Никогда не спорю с директором — боюсь … .	(А) служебными неприятностями (Б) служебным неприятностям (В) о служебных неприятностях (Г) служебных неприятностей
66. Проблема с продвижением нового продукта заключается … двух фирм.	(А) с несогласованными действиями (Б) из-за несогласованных действий (В) в несогласованных действиях (Г) несогласованным действиям
67. Для реализации проекта потребовались … всего коллектива.	(А) дружные усилия (Б) дружным усилиям (В) дружных усилий (Г) с дружными усилиями
68. Борис постоянно пропадает … .	(А) в ночные клубы (Б) в ночных клубах (В) у ночных клубов (Г) от ночных клубов
69. На кинофестивале награду … получил молодой корейский режиссёр.	(А) с выдающимися успехами (Б) по выдающимся успехам (В) за выдающиеся успехи (Г) выдающихся успехов

70. На экскурсии в Тверь … не повезло с погодой.	(А) семья Ивановых (Б) семье Ивановых (В) в семье Ивановых (Г) семьи Ивановых
71. Обычно городской парк никем … .	(А) не охраняет (Б) не охраняют (В) не охраняется (Г) не охраняются
72. На телевидении … целая серия новогодних комедий.	(А) подготовлена (Б) подготовлены (В) подготовила (Г) подготовили
73. Итоги голосования показали, что треть избирателей … на выборах прежнего мэра.	(А) поддержало (Б) поддержала (В) поддержали (Г) поддержал
74. Обсуждать фильмы этого режиссёра … .	(А) неинтересные (Б) неинтересен (В) неинтересны (Г) неинтересно
75. Умному человеку … выход из конфликта, а дураку — вход.	(А) важный (Б) важнее (В) важен (Г) важным
76. В наше время большинство студентов … с практической работой во время учёбы.	(А) знакомятся (Б) знакомились (В) познакомились (Г) познакомятся
77. Мы спешили, потому что боялись, что магазин … .	(А) закрывался (Б) закрылся (В) закрывается (Г) закроется

78. Вы можете не ... учебник, возьмите его в библиотеке.	(А) купите (Б) купить (В) покупать (Г) покупаете
79. Нам не надо ... обратный билет, мы вернёмся на машине.	(А) взять (Б) возьмём (В) берём (Г) брать
80. Бестактно ... женщину о её возрасте.	(А) спросить (Б) спрашивать (В) спрашивают (Г) спросили
81. Маше лень ... эту статью.	(А) конспектировать (Б) конспектирует
82. Это решение окончательное, прошу вас не	(А) возмущаетесь (Б) возмущаться
83. У меня руки не доходят ... эти старые вещи.	(А) выбрасывать (Б) выбросить
84. Не стоит ... по всяким пустякам.	(А) расстраиваться (Б) расстроиться
85. Бабушка никогда не ... потратить эти деньги.	(А) решается (Б) решится
86. Без финансирования наше строительство	(А) будет останавливаться (Б) остановится
87. Пожалуйста, поставь вазу, а то	(А) разобьёшь (Б) разбиваешь
88. ..., пожалуйста, медленнее! Я не успеваю записывать.	(А) Говорите (Б) Скажите
89. Эти двери недавно покрасили, не ... !	(А) пачкайся (Б) испачкайся

90. Весь прошлый месяц директор ... наш проект.	(А) рассматривал (Б) рассмотрел
91. Хорошо бы завтра мы ... на этот спектакль!	(А) попали (Б) попадали
92. Пожалуйста, не ... дверь незнакомым людям!	(А) открой (Б) открывай
93. Это слишком трудная задача, даже не ... её решить.	(А) пытайся (Б) попытайся
94. ... мы эту ситуацию раньше, не возникло бы проблемы.	(А) Обсуди (Б) Обсуждай
95. Его книга, ... год назад, стала очень популярной.	(А) издающаяся (Б) изданная (В) издававшаяся (Г) издаваемая
96. Документы, ... в автобусе, пассажиры отдали водителю.	(А) забываемые (Б) забывшие (В) забытые (Г) забывающие
97. Приготовив обед, ...	(А) сестра позвала всех к столу (Б) все сели за стол (В) решили сесть за стол (Г) всех пригласили к столу
98. ..., Света оплатила заказ по Интернету.	(А) Выбирая по каталогу платье (Б) Выбранное по каталогу платье (В) Выбрав по каталогу платье (Г) Выбираемое по каталогу платье

99. Я забыл обо всём, ... каталог Русского музея.	(А) рассмотрев (Б) рассматривавший (В) рассматривающий (Г) рассматривая

Задание 3. Установите синонимические соответствия между выделенными конструкциями и вариантами ответа.

100. В Москве прошёл фестиваль, **который представил** работы российских художников.	(А) представляющий (Б) представляемый (В) представленный (Г) представивший
101. **Открывшийся** недавно магазин радует невысокими ценами.	(А) который откроют (Б) который открылся (В) который открывается (Г) который открывался
102. Гипотеза, **предложенная Савиным**, достаточно интересная.	(А) которую предложил Савин (Б) которая предлагает Савину (В) которую предлагает Савин (Г) которую предложит Савин
103. Многие выпускники вуза, **которые получают** дипломы, уже имеют опыт работы.	(А) получаемые (Б) получившие (В) получающие (Г) полученные
104. **Отказавшись** сейчас, ты ничего не потеряешь.	(А) Когда откажешься (Б) Если откажешься (В) Поскольку откажешься (Г) Пока не откажешься
105. **Принимая** важные решения, Олег всегда советуется с отцом.	(А) Пока принимает (Б) Если принимает (В) В то время как принимает (Г) Когда принимает

106. **Опаздывая** на концерт, Антон взял такси.	(А) Так как он опаздывал (Б) Хотя он опаздывал (В) Когда он опаздывал (Г) Если бы он опаздывал
107. **Проработав** всю ночь, Сергей почти не чувствовал усталости.	(А) Так как проработал (Б) Хотя проработал (В) Когда проработал (Г) Если бы проработал

Задание 4. Выберите правильный вариант ответа.

108. Завтра в Москве будет холодно, … ожидается сильный снег.	(А) тоже (Б) также
109. Максим ещё не решил, … .	(А) если поедет завтра на дачу (Б) поедет ли завтра на дачу
110. Сегодня наши гости идут в Русский музей, … завтра собираются в Царское Село.	(А) да (Б) но (В) а (Г) и
111. Полицейский поднял руку, … весь транспорт остановился.	(А) то (Б) но (В) а (Г) и
112. Что за погода! … жара, … холод.	(А) Не то …, не то (Б) То …, то (В) И …, и (Г) Да …, да
113. Он такой человек, … всегда можно обратиться за помощью.	(А) у которого (Б) с которым (В) к которому (Г) для которого

114. Это режиссёр, ... фильмы популярны во всём мире.	(А) кого (Б) какие (В) которые (Г) чьи
115. Эта информация адресована тем, ... интересуется восточной культурой.	(А) кто (Б) какие (В) которые (Г) чьи
116. Я беспокоюсь, ... не опоздать на поезд.	(А) как (Б) так как (В) чтобы (Г) как бы
117. Мы очень рассчитываем ... , что вы поможете нам разобраться в этой истории.	(А) в том (Б) о том (В) на то (Г) в то
118. На приёме врач спросил пациента, ... его беспокоит.	(А) что (Б) к чему (В) из-за чего (Г) о чём
119. Всю неделю Маша много работала, ... неожиданно приехали гости, поэтому она очень устала.	(А) перед тем как (Б) потому что (В) кроме того (Г) как только
120. Малыш так и не выполнил задание, ... очень старался.	(А) раз (Б) хотя (В) для того чтобы (Г) когда
121. Мы обязательно купили бы эту картину, ... хватило денег.	(А) если (Б) если бы (В) когда (Г) раз

122. Предложение оказалось настолько необычным, ... я растерялся.	(А) как (Б) отчего (В) зачем (Г) что
123. Космонавты посетили небольшой аэродром, ... поднимаются учебные самолёты.	(А) где (Б) куда (В) откуда (Г) на котором
124. Гулять ты не пойдёшь, ... поправишься.	(А) когда не (Б) до того как (В) пока (Г) пока не
125. ... ты не дочитал статью, не о чем и спорить.	(А) Хотя (Б) Раз (В) Если бы (Г) Из-за того что
126. Мы забронировали гостиницу месяц назад, ... не думать об этом в поездке.	(А) поэтому (Б) если (В) чтобы (Г) до того как
127. ... Вера переехала, мы больше не встречались.	(А) С тех пор как (Б) Как только (В) Пока (Г) Прежде чем
128. Иван Петрович всегда одевается тепло, ... не простудиться.	(А) когда (Б) что (В) если (Г) чтобы

Задание 5. Установите синонимические соответствия между выделенными конструкциями и вариантами ответа.

129. Вадим обещал позвонить **при первой возможности**.	(А) раз будет возможность (Б) поскольку будет возможность (В) хотя будет возможность (Г) когда будет возможность
130. Непонятно, **на каком основании** вы нам отказываете.	(А) зачем (Б) по какой причине (В) с какой целью (Г) в результате чего
131. Ира не пошла с подругой на каток **под предлогом срочной работы**.	(А) потому что у неё была срочная работа (Б) потому что не умеет кататься на коньках (В) потому что не хотела идти на каток (Г) потому что должна была идти на работу

Задание 6. Прочитайте текст официально-делового характера (объяснительную записку). Выберите правильный вариант ответа.

132. (А) Уважаемому директору

(Б) Господину директору

(В) Дорогому директору

(Г) Директору

133. (А) на обувной фабрике г. Томска

(Б) обувной фабрики в г. Томске

(В) обувной фабрики г. Томска

(Г) на обувной фабрике в г. Томске

Николаеву А.В.

134. (А) от начальника

(Б) от товарища начальника

(В) от начальницы

(Г) от старшего начальника

Гавриловой В.В.

Объяснительная записка

135. (А) сентябрь 11 2017 год; (Б) 11 сентября 2017 года; (В) 2017 год, 11 сентября; (Г) в сентябре 11 2017 г. я не вышла на работу **136.** (А) в связи с тем, что; (Б) потому что; (В) отчего; (Г) от того, что накануне я не смогла вовремя вылететь из аэропорта города Кисловодска, где я проходила курс лечения **137.** (А) от 25 августа до 8 сентября; (Б) 25 августа — 8 сентября; (В) от 25 августа по 8 сентября; (Г) с 25 августа по 8 сентября. Вылет был задержан **138.** (А) благодаря плохой погоде; (Б) по случаю плохой погоды; (В) из-за плохой погоды; (Г) при плохой погоде.

139. (А) Прошу; (Б) Попрошу; (В) Просила бы; (Г) Попросила разрешить мне компенсировать пропущенный рабочий день в свой выходной.

12 сентября 2017 г.

140. (А) С уважением, В. Гаврилова;

(Б) Гаврилова В.В.;

(В) старший начальник отдела В.В. Гаврилова;

(Г) Искренне благодарю, В. Гаврилова.

Задание 7. Прочитайте аннотацию к книге Д.С. Лихачёва «Великое наследие» и выберите правильный вариант ответа.

141. ... с разговора о первом произведении древнерусской литературы, автор спорит с зарубежными учёными.	(А) Начиная (Б) Начавшийся (В) Начавший (Г) Начал
142. Эти учёные ... в подлинности древнерусских памятников.	(А) сомневаясь (Б) сомневаются (В) засомневались (Г) сомневающиеся
143. Автор не ... все произведения древнерусской литературы.	(А) рассмотрел (Б) рассматривающий (В) рассматривая (Г) рассматривает
144. В книге ... о великих памятниках древнерусской литературы.	(А) рассказывается (Б) рассказывая (В) рассказывающая (Г) рассказывает
145. Книга ... к широкому кругу читателей.	(А) обратилась (Б) обращалась (В) обращена (Г) обращённая

Задание 8. Прочитайте текст, выберите варианты ответа, соответствующие газетно-публицистическому стилю.

146. На прошлой неделе в Москве ... уже третий по счёту книжный фестиваль.	(А) устроили (Б) прошёл (В) был (Г) провёлся
147. На его ... было организовано 500 различных мероприятий.	(А) площадках (Б) границах (В) рамках (Г) пределах

148. Накануне фестиваля с журна-листами ... генеральный дирек-тор издательства «Эксмо-АСТ» Е. Капьев.	(А) общался (Б) встретился (В) выступил (Г) дал интервью
149. Он ..., по каким экономическим принципам работает издатель-ство.	(А) сказал (Б) объявил (В) рассуждал (Г) рассказал
150. Также Е. Капьев говорил о том, что именно ... книге сохранять прежний вид в век цифролюции.	(А) позволяет (Б) представляет возможность (В) разрешает (Г) делает возможным

РАБОЧАЯ МАТРИЦА

Максимальное количество баллов за тест — 150

1	А	Б	В	Г	26	А	Б	В	Г
2	А	Б	В	Г	27	А	Б	В	Г
3	А	Б	В	Г	28	А	Б	В	Г
4	А	Б	В	Г	29	А	Б	В	Г
5	А	Б	В	Г	30	А	Б	В	Г
6	А	Б	В	Г	31	А	Б	В	Г
7	А	Б	В	Г	32	А	Б	В	Г
8	А	Б	В	Г	33	А	Б	В	Г
9	А	Б	В	Г	34	А	Б	В	Г
10	А	Б	В	Г	35	А	Б	В	Г
11	А	Б	В	Г	36	А	Б	В	Г
12	А	Б	В	Г	37	А	Б	В	Г
13	А	Б	В	Г	38	А	Б	В	Г
14	А	Б	В	Г	39	А	Б	В	Г
15	А	Б	В	Г	40	А	Б	В	Г
16	А	Б	В	Г	41	А	Б	В	Г
17	А	Б	В	Г	42	А	Б	В	Г
18	А	Б	В	Г	43	А	Б	В	Г
19	А	Б	В	Г	44	А	Б	В	Г
20	А	Б	В	Г	45	А	Б	В	Г
21	А	Б	В	Г	46	А	Б	В	Г
22	А	Б	В	Г	47	А	Б	В	Г
23	А	Б	В	Г	48	А	Б	В	Г
24	А	Б	В	Г	49	А	Б	В	Г
25	А	Б	В	Г	50	А	Б	В	Г

51	А	Б	В	Г
52	А	Б	В	Г
53	А	Б	В	Г
54	А	Б	В	Г
55	А	Б	В	Г
56	А	Б	В	Г
57	А	Б	В	Г
58	А	Б	В	Г
59	А	Б	В	Г
60	А	Б	В	Г
61	А	Б	В	Г
62	А	Б	В	Г
63	А	Б	В	Г
64	А	Б	В	Г
65	А	Б	В	Г
66	А	Б	В	Г
67	А	Б	В	Г
68	А	Б	В	Г
69	А	Б	В	Г
70	А	Б	В	Г
71	А	Б	В	Г
72	А	Б	В	Г
73	А	Б	В	Г
74	А	Б	В	Г
75	А	Б	В	Г

76	А	Б	В	Г
77	А	Б	В	Г
78	А	Б	В	Г
79	А	Б	В	Г
80	А	Б	В	Г
81	А	Б		
82	А	Б		
83	А	Б		
84	А	Б		
85	А	Б		
86	А	Б		
87	А	Б		
88	А	Б		
89	А	Б		
90	А	Б		
91	А	Б		
92	А	Б		
93	А	Б		
94	А	Б		
95	А	Б	В	Г
96	А	Б	В	Г
97	А	Б	В	Г
98	А	Б	В	Г
99	А	Б	В	Г
100	А	Б	В	Г

101	А	Б	В	Г
102	А	Б	В	Г
103	А	Б	В	Г
104	А	Б	В	Г
105	А	Б	В	Г
106	А	Б	В	Г
107	А	Б	В	Г
108	А	Б	В	Г
109	А	Б	В	Г
110	А	Б	В	Г
111	А	Б	В	Г
112	А	Б	В	Г
113	А	Б	В	Г
114	А	Б	В	Г
115	А	Б	В	Г
116	А	Б	В	Г
117	А	Б	В	Г
118	А	Б	В	Г
119	А	Б	В	Г
120	А	Б	В	Г
121	А	Б	В	Г
122	А	Б	В	Г
123	А	Б	В	Г
124	А	Б	В	Г
125	А	Б	В	Г

126	А	Б	В	Г
127	А	Б	В	Г
128	А	Б	В	Г
129	А	Б	В	Г
130	А	Б	В	Г
131	А	Б	В	Г
132	А	Б	В	Г
133	А	Б	В	Г
134	А	Б	В	Г
135	А	Б	В	Г
136	А	Б	В	Г
137	А	Б	В	Г
138	А	Б	В	Г
139	А	Б	В	Г
140	А	Б	В	Г
141	А	Б	В	Г
142	А	Б	В	Г
143	А	Б	В	Г
144	А	Б	В	Г
145	А	Б	В	Г
146	А	Б	В	Г
147	А	Б	В	Г
148	А	Б	В	Г
149	А	Б	В	Г
150	А	Б	В	Г

Проверьте по контрольной матрице на страницах 71–73, правильно ли вы выполнили тест. Или используйте для проверки сервис ZipGrade.com.

За каждое задание, которое вы правильно выполнили, вы получаете 1 балл. Вы успешно прошли тест, если правильно выполнили 99 и более заданий. Если вы не успели выполнить все задания или правильно выполнили менее 99 заданий, советуем вам повторить слова и грамматику и выполнить этот тест ещё раз.

Субтест 2. ЧТЕНИЕ

Инструкция к выполнению теста

Время выполнения теста — 60 мин.

Тест состоит из 2 частей, 3 текстов, тестовых заданий к ним и матрицы.

После того как вы прочитаете текст и ознакомитесь с заданиями, выберите правильный вариант ответа и отметьте соответствующую букву в матрице. Например:

А ⒝ В Г (Б — правильный вариант).

Если вы ошиблись и хотите исправить ошибку, сделайте так:

А ⊗ Ⓥ Г (Б — ошибка, В — правильный вариант).

При выполнении заданий части II можно пользоваться толковым словарём русского языка.

ЧАСТЬ I

Инструкция к выполнению заданий 1–8

Вам предъявляется текст.

Ваша задача — прочитать текст и **закончить предложения**, данные после текста. Выберите правильный вариант ответа и отметьте его в матрице.

Задания 1–8. Прочитайте фрагмент из путеводителя по городу Екатеринбургу и предложения, которые даны после текста. Выполните задания в соответствии с инструкцией.

Текст 1

Екатеринбург — четвёртый по численности город России. Он лежит на границе двух частей света, Европы и Азии, и благодаря своему географическому расположению носит гордое звание столицы Урала.

С месторасположением Екатеринбургу действительно повезло. Через город проходит основная магистраль из Централь-

ной России в Сибирь, самая длинная железная дорога в мире — знаменитый Транссиб. Как известно, дороги и промышленность всегда идут рука об руку. Город, возникший по указу Петра I как «железоделательный» завод-крепость, быстро вырос в крупнейший промышленный центр страны.

Это родной город первого президента России и место, где погибла семья последнего российского императора. Город является крупнейшим центром оборонной промышленности, поэтому ещё недавно въезд в город был закрыт для иностранных граждан, теперь же Екатеринбург ярок и самобытен. В нём располагаются десятки дипломатических миссий, он принимает у себя саммиты, форумы и фестивали.

Свой 275-ый юбилей город отметил установкой памятника отцам-основателям — Василию Николаевичу Татищеву и Вильгельму де Геннину. Татищев первым приехал на Урал в 1720 году. Указом Петра I на него было возложено управление уральской горнозаводской промышленностью. На берегу реки Исеть Татищев выбрал место для металлургического завода-крепости и даже, не дожидаясь разрешения из Петербурга, собирался приступить к его строительству. Но вскоре, во многом из-за конфликта с уральским промышленником Демидовым, Татищева отстранили от руководства горными делами Урала. Чтобы разобраться в ситуации, в 1722 году сюда был послан генерал-майор Вильгельм де Геннин. Приняв сторону Татищева, он на выбранном им месте начал строительство металлургического завода по производству меди и железа. Пуск завода состоялся 7 (18) ноября 1723 года. Эта дата и стала днём основания нового города, который по инициативе де Геннина был назван Екатеринбургом в честь императрицы Екатерины I, жены Петра I. На это он письменно испросил разрешения у самой императрицы.

Татищев и де Геннин в жизни недолюбливали друг друга. Теперь же, отлитые в бронзе, они стоят вместе на высоком гранитном постаменте. Скульптор Пётр Чусовитин изобразил их похожими друг на друга, хотя в жизни они отличались даже ростом. Впрочем, отличие всё же есть. Татищев изображён в парике с непокрытой головой, де Геннин — в треуголке.

Сегодня Екатеринбург входит в пятёрку самых привлекательных для бизнеса городов России, это третий город страны по количеству жителей-миллиардеров. Столица Урала — один из главных мегаполисов России, огромный транспортный узел, резиденция президента в Уральском округе, город деловых и торговых центров, небоскрёбов, хороших отелей, театров, музеев, модных ночных клубов и красивой старинной архитектуры, гармонично вписывающейся в современный облик Екатеринбурга в стиле хайтек. В начале XXI века комиссия ЮНЕСКО включила Екатеринбург в число двенадцати идеальных городов мира. Он, кроме того, входит в пятёрку самых популярных туристических центров. Согласитесь, поездка сюда просто не может оказаться неинтересной!

По материалам экспресс-гида «Екатеринбург»
(М.: Эксмо, 2016. Текст Д. Кулькова)

1. Екатеринбург возник по решению ... .
   (А) Екатерины
   (Б) Петра I
   (В) В.Н. Татищева

2. В.Н. Татищев не смог осуществить свои планы, поскольку ... .
   (А) это было трудным делом
   (Б) у него испортились отношения с де Геннином
   (В) его отстранили от должности

3. В настоящее время въезд в Екатеринбург ... .
   (А) ограничен для иностранцев
   (Б) открыт для россиян
   (В) свободен для всех желающих

4. Екатеринбург входит в пятёрку самых ... городов.
   (А) интересных для туристов российских
   (Б) больших европейских
   (В) экономически развитых

5. Екатеринбург — это место, где ... .
   (А) родился первый российский президент
   (Б) похоронен последний российский император
   (В) живёт самое большое количество миллиардеров

6. Из текста следует, что Екатеринбург можно считать ... городом.
   (А) крупным промышленным
   (Б) бурно развивающимся современным
   (В) типичным провинциальным

7. Архитектура Екатеринбурга характеризуется ... .
   (А) большим количеством классических зданий
   (Б) преобладанием современного стиля
   (В) удачным сочетанием разных стилей

8. Данный текст представляет собой ... .
   (А) рекламные материалы
   (Б) статью из путеводителя
   (В) исторические записки

Инструкция к выполнению заданий 9—15

Прочитайте текст и предложения, которые даны после текста. Выберите правильный вариант ответа и отметьте его в матрице.

Задания 9—15. Прочитайте текст 2 (отрывок из статьи) и предложения, которые даны после текста. Выполните задания в соответствии с инструкцией.

Текст 2

Сегодня урбанистика (наука о разных городских системах) — модная тема, нередко слышны споры об общественных пространствах. Впрочем, разговоров пока намного больше, чем дел. При этом ситуация, сложившаяся в России, в частности в Москве, по многим параметрам не имеет аналогов. Например, задачу трансформации самого холодного на планете мегаполиса в комфортный город в мире никто не решал.

Одна из самых обсуждаемых идей сегодняшнего дня — переход от микрорайонной застройки к квартальной. Микрорайон был основной формой застройки в Советском Союзе с 1960-х годов. Живучесть этой формы представляет собой поразительный феномен: микрорайон благополучно дожил до сегодняшнего дня.

Когда говорят о достоинствах квартала, обычно делается акцент на следующем. Улицы становятся общественным пространством с расположенными на первых этажах магазинами, кафе и т.д. На контрасте — объекты точечной застройки обычно окружаются заборами, не давая городу общественных пространств. В кварталах создаются уютные дворы, где могут в безопасности гулять дети. Кварталы значительно меньше микрорайона, за счёт чего застройка воспринимается как более близкая человеку. Плюс обеспечивается бо́льшая транспортная проницаемость города. В общем, в идеале квартальная застройка должна быть похожа на западноевропейский город.

Но, во-первых, вряд ли есть смысл возводить квартал в однозначно высший тип застройки. В зависимости от задач и условий можно применять и высокоплотную малоэтажную <...> застройку, и высотные башни. В некоторых случаях уместна и точечная застройка.

Дискуссия о том, каким быть современному городу, идёт во всём мире. Если поговорить с голландскими или финскими архитекторами, то они бы усомнились в однозначных преимуществах квартала. В финских городах, например, нет квартальной регулировки, но есть фантастического качества среда, — заметил на обсуждении идеи квартала руководитель одной из архитектурных школ Евгений Асс.

Во-вторых, пока неясно, в каких случаях квартал оптимален.

Как один из возможных типов застройки квартал очень хорош. Но вряд ли имеет смысл считать его единственно правильным. Город должен быть собранием разных типов застройки. В конкуренции форматов могло бы родиться что-то интересное.

По материалам журнала «Эксперт»

9. По мнению автора, вопрос о принципах застройки города сегодня только ... .
   (А) ставится
   (Б) решается
   (В) обсуждается

10. Автор считает, что Москва уникальна ... .
   (А) типом застройки
   (Б) числом жителей
   (В) своим местонахождением

11. Микрорайон как сохранившаяся форма застройки города вызывает у автора ... .
   (А) недовольство
   (Б) удивление
   (В) чувство удовлетворения

12. Квартал более привлекателен для обычного человека в силу ... .
   (А) меньшей площади
   (Б) малоэтажной застройки
   (В) повышенной безопасности

13. Некоторые зарубежные архитекторы ... .
   (А) предлагают высокоплотную малоэтажную застройку
   (Б) предпочитают смешанный принцип застройки
   (В) не уверены в преимуществах квартальной застройки

14. Рассматривая квартальный тип застройки, автор ... .
   (А) уверен в его преимуществах
   (Б) сомневается в его оптимальности
   (В) отрицает его целесообразность

15. Из текста следует, что превращение Москвы в комфортный город обеспечивается ...
   (А) транспортной проницаемостью города
   (Б) сочетанием разных архитектурных форм
   (В) применением квартального принципа застройки

ЧАСТЬ II

Инструкция к выполнению заданий 16–27

Прочитайте текст и предложения, которые даны после текста. Выберите правильный вариант ответа и отметьте его в матрице.

Задания 16–27. Прочитайте текст 3 (отрывок из рассказа) и предложения, которые даны после текста. Выполните задания в соответствии с инструкцией.

Текст 3

Проживать обычный день было всё труднее. Совсем не было сил. Подруга Майка, бывший доктор, не уставала давать советы… Майка и врача откопала… Выглядел он как типичный доктор: чистенький, в модных очках… Кира посмотрела на него и усмехнулась.

Она вдруг начала рассказывать ему всю свою жизнь. Врач внимательно слушал. Часа полтора она вытряхивала практически всё — начиная от болезни мамы до её кончины, девятилетний роман с Андреем, только в самом начале радостный и лёгкий, а потом… Потом набирали обороты обида и взаимные претензии. И — финал истории — женитьба Андрея. Что, впрочем, было предсказуемо. <…> А потом про отца — самая трудная часть Кириного монолога. Говорила она и про невозможный характер отца и его непомерный эгоизм, как с ним всю жизнь мучилась Кирина мать.

Доктор молчал… Потом тяжело вздохнул и объяснил Кире ситуацию. Да, Майка была права: и нервное истощение, и депрессия… Но главная причина заключалась в отце.

— Он не даёт вам строить свою жизнь. <…> Не измените — погибнете. Срочно нужен отпуск — лучше санаторий…

Кира поблагодарила и вышла из кабинета… Доктор, прав… Нужно восстанавливать силы… Но как быть с отцом?

С работы позвонила Майке.

— Ну вот видишь! — торжествующе сказала подруга… — Бери путёвку и уматывай!

— А отец?

— Что-нибудь придумаем.

И придумала. Позвонила на следующий день и сказала, что есть хорошая женщина, Елена Ивановна. Майка обещала ей позвонить.

Кира решила, что поедет в Литву. Она взяла отпуск на две недели.

С Еленой Ивановной договорились, что она будет приезжать через день — готовить и прибирать. Отцу она сказала, что уезжает, за два дня до отъезда. Сначала он смотрел на дочь непонимающе, потом начал кричать, что никакую чужую бабу в дом не пустит... Два последних дня отец с ней не разговаривал.

...Она гуляла по опустевшим улицам, заходила в кафешки... «Как неправильно я живу!» — думала Кира.

До отъезда оставалось четыре дня. Кира вышла на улицу и набрала домашний номер.

— Как ты, пап? — спросила она.

— А ты? Не надоело развлекаться? Ну ладно, всё...

Кира захлопнула крышку телефона. «Опять ни звука ни о моём здоровье, ни о том, когда я приезжаю»...

...В квартире громко играла музыка и вкусно пахло тестом. Из дверей кухни вышла Елена Ивановна...

— Кирочка! — смущённо сказала она. — С приездом!

— А где папа? — спросила Кира.

— А Борис Ильич за капустой пошёл.

Минут через двадцать хлопнула входная дверь и раздался громкий голос отца:

— Леночка! Я пришёл!

Кира вышла в прихожую.

— Ты? — удивился он. — А что не предупредила?

Отец выглядел растерянным ...

На следующий день ей позвонила Елена Ивановна и попросила о встрече. Она долго болтала ни о чём. Потом вздохнула и сказала:

— Вот как оно бывает, Кирочка! Я ведь вдовею одиннадцать лет, детей бог не дал, не думала, не гадала...

Она замолчала. Кира сказала:

— Я всё понимаю. Правда, я вам не завидую. Характер у родителя — не приведи бог!

— Что вы, Кирочка, я так устала от одиночества!

Когда она вернулась с работы, увидела, что отец собирает вещи.

— Я твоего бывшего попросил помочь с переездом.

— Папа, как ты мог? — застонала Кира. — Я с ним не общаюсь столько лет... Совершенно посторонний человек. К тому же женатый.

— Почему посторонний? А насчёт «женат» — так он уже два года в разводе!

На следующий день вечером Кира зашла в пустую квартиру. Она включила телевизор, блаженно закрыла глаза — и задремала.

Разбудил Киру телефонный звонок. Его голос она узнала мгновенно.

— Ну, твоих я перевёз. Они довольны.

— Спасибо.

— Пустяки, — ответил он. — Ну что, до завтра?

— До завтра, — проговорила Кира.

Потом подошла к окну. В комнату ворвался шум улицы и запах снега. «Странно, — подумала Кира. — Только начало марта, а уже пахнет весной».

А чем пахнет весна? Мокрым снегом, дождём и сырыми ветками. И ещё весна пахнет надеждой.

По рассказу М. Метлицкой «Второе дыхание»

16. Кира оказалась на приёме у врача, потому что … .
    (А) ей посоветовала подруга
    (Б) поняла, что серьёзно больна
    (В) он был известным специалистом

17. Увидев врача, Кира … .
    (А) почувствовала уважение к нему
    (Б) усомнилась в его профессионализме
    (В) сразу решила довериться ему

18. Кира сказала врачу, что больше всего переживает … .
    (А) из-за смерти матери
    (Б) из-за женитьбы близкого друга
    (В) из-за сложившихся отношений с отцом

19. Врач порекомендовал Кире поехать в санаторий и … .
    (А) начать новую жизнь
    (Б) пройти курс лечения
    (В) отдохнуть и набраться сил

20. После визита к врачу Кира была в нерешительности, потому что … .
    (А) была не уверена в правильности диагноза
    (Б) боялась оставить отца одного
    (В) не могла прервать свою работу

21. Решение Киры поехать в санаторий вызвало у подруги …
    (А) одобрение
    (Б) недоумение
    (В) неприятие

22. Узнав о планах дочери, отец … .
    (А) растерялся
    (Б) расстроился
    (В) возмутился

23. Позвонив отцу из Литвы, Кира поняла, что он ... .
    (А) рад, что ей весело
    (Б) соскучился без неё
    (В) равнодушен к её жизни

24. Елена Ивановна предложила отцу Киры переехать к ней, так как ... .
    (А) оценила его по достоинству
    (Б) страдала от одиночества
    (В) проявила жалость к нему

25. После переезда отца Кира ... .
    (А) наслаждалась одиночеством
    (Б) тосковала в пустой квартире
    (В) ждала звонка бывшего мужа

РАБОЧАЯ МАТРИЦА

Максимальное количество баллов за тест — 150

1	А	Б	В
2	А	Б	В
3	А	Б	В
4	А	Б	В
5	А	Б	В
6	А	Б	В
7	А	Б	В
8	А	Б	В
9	А	Б	В
10	А	Б	В
11	А	Б	В
12	А	Б	В
13	А	Б	В
14	А	Б	В
15	А	Б	В
16	А	Б	В
17	А	Б	В
18	А	Б	В
19	А	Б	В
20	А	Б	В
21	А	Б	В
22	А	Б	В
23	А	Б	В
24	А	Б	В
25	А	Б	В

Проверьте по контрольной матрице на странице 74, правильно ли вы выполнили тест.

За каждое задание, которое вы правильно выполнили, вы получаете 6 баллов. Вы успешно прошли тест, если набрали 99 баллов и более. Если вы получили менее 99 баллов, советуем вам выполнить эту часть теста ещё раз.

Субтест 3. АУДИРОВАНИЕ

При выполнении этой части теста постарайтесь только слушать аудиоматериалы и читать задания к ним. Советуем вам несколько раз прослушать аудиоматериалы субтеста и выполнить задания. Если вам трудно понимать аудиоматериалы на слух, попробуйте при прослушивании одновременно читать их на страницах 55–60. Проверьте по контрольной матрице, правильно ли вы выполнили задания.

Если у вас будет много ошибок (более 9), прослушайте аудиоматериалы и выполните задания ещё раз.

Инструкция к выполнению теста

Время выполнения теста (35–40 минут) определяется временем звучания предъявляемых аудио- и видеоматериалов и временем выполнения заданий.

Тест включает 25 заданий.

Перед прослушиванием каждого материала вы получаете задания к ней и инструкцию в письменном виде. Выберите вариант ответа и отметьте его в матрице. Например:

А Ⓑ В (Б — правильный вариант).

Если вы ошиблись и хотите исправить ошибку, сделайте так:

⊗ Ⓑ В (А — ошибка, Б — правильный вариант).

Количество предъявлений: 1.

Пользоваться словарём не разрешается.

Инструкция к выполнению заданий 1–5

Задания 1–5 выполняются после прослушивания начальных реплик диалога.

Время выполнения заданий: **до 5 мин.**

Задания 1–5. Прослушайте начальные реплики диалога двух людей при встрече и выберите вариант ответа к каждому из заданий.

1. Говорящий хотел купить … .
   (А) интересный журнал
   (Б) подарок жене
   (В) подарок дочери

2. Журнал, о котором рассказал говорящий, … .
   (А) начал выходить недавно
   (Б) вышел после перерыва
   (В) выходит давно

3. В журнале говорящему особенно нравятся … .
   (А) обзоры культурной жизни
   (Б) аналитические материалы
   (В) статьи о политике

4. Журнал выходит … .
   (А) раз в неделю
   (Б) раз в месяц
   (В) раз в квартал

5. Речь говорящих можно охарактеризовать как … .
   (А) просторечную
   (Б) эмоционально окрашенную
   (В) нейтральную

Инструкция к выполнению заданий 6–10

Задания 6–10 выполняются после прослушивания рекламной информации.

Время выполнения заданий: **до 5 мин.**

Задания 6–10. Прослушайте рекламную информацию и выберите вариант ответа к каждому из заданий.

6. Фирма MagicFood специализируется … .
   (А) на доставке блюд быстрого приготовления
   (Б) на приготовлении обедов в офисе
   (В) на производстве и доставке различных блюд

7. Фирма предлагает … .
   (А) комплексное меню блюд на неделю
   (Б) выбор блюд из меню по желанию
   (В) приготовление любых блюд

8. Заказы будут доставляться бесплатно … .
   (А) при стоимости заказа от 500 рублей
   (Б) при заказе свыше 30 обедов
   (В) при заказе блюд накануне

9. Заказы на обеды принимаются …
   (А) круглосуточно
   (Б) до 16 часов текущего дня
   (В) до 9 часов в день получения

10. Скидка в 50 % предоставляется … .
    (А) при заказе свыше 50 обедов
    (Б) при предварительном заказе
    (В) при заказе на сумму более 500 рублей

Инструкция к выполнению заданий 11–15

Задания 11–15 выполняются после просмотра видеозаписи. Время выполнения заданий: **до 6 мин.**

Задания 11–15. Посмотрите фрагмент художественного кинофильма «Самая обаятельная и привлекательная» (1985, реж. Т. Бежанов, «Мосфильм») и выберите вариант ответа к каждому из заданий.

11. Надя и Сусанна вместе … .
    (А) работают на заводе
    (Б) учились в школе
    (В) учились в институте

12. Надя до сих пор не вышла замуж и … .
    (А) не жалеет об этом
    (Б) не считает это важной проблемой
    (В) страдает, но скрывает это

13. Сусанна считает: чтобы выйти замуж, женщина должна быть … .
    (А) хорошим психологом
    (Б) очень активной
    (В) очень красивой

14. Сусанна утверждает, что социология — важная наука, потому что она … .
    (А) играет большую роль в управлении производством
    (Б) помогает решать проблемы личной жизни
    (В) помогает понять проблемы общественной жизни

15. Сусанна попросила у мужчины прикурить, чтобы … .
    (А) показать, как надо себя вести
    (Б) познакомиться с ним
    (В) он пригласил её танцевать

Инструкция к выполнению заданий 16–20

Задания 16–20 выполняются после прослушивания аудиозаписи новостей.

Время выполнения заданий: **до 6 мин.**

Задания 16–20. Прослушайте аудиозапись новостей и выберите вариант ответа к каждому из заданий.

16. Информация о фактических условиях труда … .
    (А) содержится в трудовом договоре
    (Б) будет внесена в договор с нового года
    (В) необходима в трудовом договоре

17. В московских музеях специальные уроки будут проводить … .
    (А) работники музея
    (Б) школьные учителя
    (В) приглашённые специалисты

18. Среди людей, предпочитающих работать дома, … .
    (А) больше мужчин
    (Б) преобладают женщины
    (В) равное количество мужчин и женщин

19. На конференции «Космос как бизнес» обсуждается … .
    (А) проект специального корабля
    (Б) проект международной космической станции
    (В) варианты космического туризма

20. По мнению Р. Алёхина, современный вуз … .
    (А) не даёт практической подготовки к будущей работе
    (Б) никак не готовит выпускников к будущей жизни
    (В) даёт выпускникам полезные знания

Инструкция к выполнению заданий 21–25

Задания 21–25 выполняются после просмотра видеозаписи интервью.

Время выполнения заданий: **до 6 мин.**

Задания 21–25. Посмотрите фрагмент видеозаписи интервью с известным российским артистом Леонидом Куравлёвым (телеканал «Культура», Белая студия, 12 ноября 2016 г., ведущая — Дарья Златопольская). Выберите вариант ответа к каждому из заданий.

21. Л. Куравлёв любит … .
    (А) все сказки А. Пушкина
    (Б) только определённые сказки А. Пушкина
    (В) любые народные сказки

22. Л. Куравлёв убеждён, что … .
    (А) все с удовольствием читают сказки
    (Б) в сказках выражен народный ум
    (В) язык сказок понятен детям

23. Л. Куравлёв сообщил, что чаще … .
    (А) он сам читает внукам сказки
    (Б) его внукам сказки читают родители
    (В) внуки сами читают сказки

24. Ведущая считает, что, играя в фильмах, Л. Куравлёв отразил … .
    (А) героические характеры
    (Б) комедийные характеры
    (В) образы, известные всем

25. Ведущая говорит о фильме Данелии, чтобы … .
    (А) полнее раскрыть талант Л. Куравлёва
    (Б) ещё раз вспомнить имя любимого режиссёра
    (В) показать своё уважение к известному режиссёру

РАБОЧАЯ МАТРИЦА

Максимальное количество баллов за тест — 150

1	А	Б	В
2	А	Б	В
3	А	Б	В
4	А	Б	В
5	А	Б	В
6	А	Б	В
7	А	Б	В
8	А	Б	В
9	А	Б	В
10	А	Б	В
11	А	Б	В
12	А	Б	В
13	А	Б	В
14	А	Б	В
15	А	Б	В
16	А	Б	В
17	А	Б	В
18	А	Б	В
19	А	Б	В
20	А	Б	В
21	А	Б	В
22	А	Б	В
23	А	Б	В
24	А	Б	В
25	А	Б	В

Проверьте по контрольной матрице на странице 75, правильно ли вы выполнили тест.

За каждое задание, которое вы правильно выполнили, вы получаете 6 баллов. Вы успешно прошли тест, если набрали 99 баллов и более. Если вы получили менее 99 баллов, советуем вам выполнить эту часть теста ещё раз.

Звучащие материалы
к субтесту «Аудирование»

Задания 1–5.

— Привет! Какими судьбами?! О, что это у тебя?

— Да вот, жена попросила дочке подарок присмотреть, а я не удержался, купил себе журнал. Смотри, сколько интересного: политика, экономика, самые важные проблемы. И ведь не просто пишут — серьёзная аналитика, прогнозы. Это меня и привлекло. Даже обзор новых книг и фильмов. А среди авторов настоящие профессионалы. По понедельникам будет выходить. Рекомендую.

Задания 6–10.

Уважаемые дамы и господа!

Фирма MagicFood специализируется на производстве качественных обедов и их доставке в офис и на дом! Мы готовим обеды на заказ по желанию клиентов.

У нас в меню большой ассортимент блюд традиционной русской и европейской кухни — закуски, супы, мясные и рыбные блюда, десерты и напитки. Блюда обновляются каждый день.

У нас вы можете заказать следующие обеды:

комплексный обед — 200 рублей;

обед «половинка» — 150 рублей;

обед «мини» — 120 рублей.

Обеды готовятся в день самой доставки из свежих продуктов прекрасного качества. В любой заказ входят бесплатные салфетки, хлеб, одноразовая посуда.

Заказы принимаются с 09:00 до 16:00 текущего дня на следующий день. Вы можете скорректировать заказ по телефону до 9 утра в день доставки. Доставка по городу при заказе на сумму не менее 500 рублей бесплатна! При заказе свыше 30 обедов предоставляется скидка 5 %, свыше 50 обедов — 50 %.

Доставка производится в любое время суток, ночью — от 30 заказов. Вы можете оплатить заказанные обеды наличными или по безналичному расчёту.

Нужно всего лишь позвонить по телефону: 906-775-33-07, 906-775-33-08.

Приятного аппетита!

Задания 11–15.

Сусанна: После института я вернулась сюда. Работаю социологом на заводе бытовых кондиционеров. Ой! Что ты! У нас на заводе работает Петька Копытин... Ну, ты помнишь? Ну, он сидел ещё со мной в девятом классе за одной партой. Женат. Двое детей. Слушай! А ты что, всё ещё в девках?

Надя: А для меня мужчины как класс не существуют. Я к ним отношусь как к пустому месту. А... Они мне нужны, как собаке пятая...

Сусанна: А кто в девятом классе целовался с Сашкой Чекменёвым? Я, да?

Надя: Даже не верится, что такое было. Но это всё Сашка. Ну, ты-то знаешь.

Сусанна: Надежда, говори: почему тянешь с замужеством?

Надя: Можно подумать, что ко мне сватаются, а я отказываюсь. Ведь никто, Сусанночка, не предлагал мне ни руку, ни сердце!

Сусанна: А ты и не жди. Не предложат. Мы не можем ждать милостей от природы, взять их у неё — наша задача. Запомни это!

Надя: Это слова Мичурина.

Сусанна: Нет, мои. Потому что Мичурин это сказал про яблони-груши, а я говорю про мужчин. Про то, что их нужно завоёвывать самим, не ждать, пока они соблаговолят пригласить тебя в ЗАГС. До пенсии не дождёшься. К тому ж, Надюш, ну чего скрывать, мы ведь с тобой не красавицы.

Надя: Я — да, но ты — очень даже!

Сусанна: Я женщина с шармом, не более. И ведь никто не догадывается, что этот шарм я сама себе сделала. Выстроила. И то, что я замужем, — это только личная моя заслуга. Инициатива.

Надя: Ой, Сусанночка. Ну какая ты!

Сусанна: Ой, ну самая обыкновенная. Просто профессия меня выручила. Все ведь думают, что психология и социология нужны только в управлении производством. А что этим наукам в личной жизни цены нет, кто знает? Только я. Вот смотри, сидим мы уже тут с тобою полчаса, а на нас мужики ноль внимания. Потому как вон сколько молоденьких и хорошеньких! Верно?

Надя: Верно.

Сусанна: И можем так просидеть весь вечер, верно?

Надя: Конечно.

Сусанна: А можно так просидеть всю жизнь! Вот смотри... Молодые люди! Не поможете мне прикурить?

Мужчина: Поможем.

Сусанна: Я ни с места. Сами подойдут.

Мужчина: Пожалуйста.

Сусанна: Какие у вас интересные пальцы. Вы не виолончелист?

Мужчина: Нет. Торговый работник. А что такое?

Сусанна: Ваши длинные трепетные пальцы говорят о тонкой душевной организации. Благодарю вас.

Мужчина: А может быть, мы пересядем к вам? И вы ещё что-нибудь нам расскажете.

Сусанна: Извините, у нас с подругой серьёзный разговор... Но потанцевать с вами мы сможем. Правда, Надь?

Мужчина: Договорились. Потанцуем.

Задания 16–20.

16. На минувшей неделе состоялась международная научно-практическая конференция «Совершенствование управления охраной труда». Участники конференции говорили о том, что занятое население практически не интересуется условиями труда. Поэтому перед государством и бизнесом встаёт вопрос о необходимости создания достойных условий деятельности для работающих людей. Предполагается, в частности, включать в трудовой договор запись о фактических условиях труда работника. Если они являются вредными, работающий будет иметь право на ряд льгот.

17. В рамках проекта «Москва — столица образования» в музеях будут проходить уроки литературы, истории, биологии, химии, физики, природоведения. Уроки будут проводить сами учителя. В программе участвуют крупнейшие музеи Москвы.

Кроме того, летом пройдёт пятидневный «Школьный марафон», в рамках которого ученики из регионов смогут посетить музеи Москвы и различные мероприятия.

18. В ходе исследования, проведённого социальными психологами, выяснилось, что 40 % мужчин — менеджеров крупных компаний предпочитает работать дома. Мужчины-начальники оказались более удовлетворены результатами работы тех подчинённых, которые работают на дому. Всего 14 % женщин отметили, что они гораздо продуктивнее работают дома, нежели в офисе. Оказалось, что мужчины реже скучают по своим коллегам, чем женщины. Психологи считают, что полученные результаты связаны с борьбой женщин за освобождение из «кухонной тюрьмы».

19. На конференции «Космос как бизнес» российские специалисты совместно с международными компаниями обсуждают развитие космического туризма. Проект специального корабля будет подготовлен уже через несколько месяцев. Туристов будут доставлять на Международную космическую станцию, которая может использоваться не только для проведения исследований, но и для космического туризма.

20. Известный предприниматель Роман Алёхин объявил о проекте «Профстажировка». Он объяснил, что школа и вуз дают общие теоретические знания, без демонстрации того, как они работают на практике. Проект «Профстажировка» направлен на подготовку квалифицированных молодых специалистов, которые после окончания университета смогут сразу же приступить к работе. Алёхин считает, что необходимо создать условия для практики не только студентов, но даже школьников на предприятиях, и это задача работодателя.

Задания 21–25.

Ведущая: Мы начинаем с детства. Вы назвали сказки Пушкина...

Куравлёв: Да.

Ведущая: ...которые Вы читали.

Куравлёв: Понимаете, я не акцентировал своего внимания на определённой сказке, они все хороши, ибо это Пушкин. А потом вообще я люблю сказки, потому что что такое сказка? Это спрессованная мудрость народа, причём проверенная веками. У меня очень много сказок в моей библиотеке, очень много сказок, разных... Мне ещё и язык сказок очень нравится. Он ясный, простой, я бы сказал, детский. Очень легко понять, очень легко заразиться за счёт такого простого русского языка. <...>

Ведущая: Вот у Вас 3 замечательных внука, 3 богатыря, с такими именами очень хорошими, тоже такими простыми, можно сказать, сказочными именами. Их зовут Гриша.

Куравлёв: Фёдор и Степан.

Ведущая: Фёдор и Степан. Очень красиво.

Куравлёв: Да, вот они такие.

Ведущая: Им Вы какие сказки читаете?

Куравлёв: Ну, им по большей части читает мама, отец... Ну, что-то и я читал, читаю. И я знаю, что родители очень хлопотно к этому относятся, воспитывают на сказках. Это я знаю твёрдо.

Ведущая: А мультфильмы они Ваши смотрят? Вот у Вас замечательный, всеми любимый, например, «Мартынка», который вы озвучивали.

Куравлёв: Да, они знают этот фильм, знают. У них он в кинотеке тоже существует.

<...>

Куравлёв: Да, я там даже похож. Вы знаете, я сожалею, что меня мало всё-таки привлекали в мультипликацию, очень мало.

Ведущая: Для озвучания.

Куравлёв: Я считаю. Там можно дерзить, там можно в самом роскошном виде хулиганить.

Ведущая: Мы с Вами о сказках начали говорить и о том, что сказка вообще в жизни, она и во взрослом возрасте тоже человеку нужна. Более того, наши любимые какие-то произведения — комедии, например — часто тоже достаточно сказочные. Вот и про Данелию, например, Вы говорили, что он сказочник. Более того, он говорил: «Мне не нужна чрезмерная правдивость в роли». И вот как раз Вы в «Афоне», например, смогли соединить абсолютно такого узнаваемого персонажа, в котором каждый видит себя, и при этом рассказать вот эту притчу, которую, собственно, задумал Данелия. Вот для Вас эта сказочная составляющая в Ваших персонажах, она тоже важна?

Куравлёв: Очень, очень важна. Это доступно народу. Это важно. А кинематограф, тем более хороший, он работает на народ, на зрителя. И это важно было. Я к этому старался подойти со всей серьёзностью. То, что Вы называете и что называет Данелия сказочностью. Это очень важно, очень важно. Это есть мудрость, ибо сказка — это мудрость, спрессованная в сказках мудрость народа.

Субтест 4. ПИСЬМО[1]

Инструкция к выполнению теста

Время выполнения теста — 55 мин.
Тест состоит из 3 заданий.
При выполнении теста разрешается пользоваться толковым словарём русского языка.

Инструкция к выполнению задания 1

Ваша задача — на основе прочитанных текстов написать **письмо рекомендательного характера**.
Объём печатного текста: до 180 слов.
Время выполнения задания: **до 20 мин.**
Объем текста: 50–70 слов.

Задание 1. На основе предложенной информации напишите письмо, в котором вы рекомендуете своим друзьям отдых в спортивно-оздоровительном центре, где они могут позаниматься любимым видом спорта и отдохнуть. Ваше письмо должно содержать информацию, достаточную для принятия решения.

Спортивно-оздоровительный центр «Горизонт»
расположен в 35 км от Москвы в экологически чистом районе Подмосковья.
Отдых: активный; с детьми.
Развлечения: бассейн, лошади, рыбалка.
Питание: полный пансион.
Предоставляются услуги няни.
Тел.: +7(906) 936-58-70;
см. наш сайт: www.gorizont.ru

Спортивный комплекс «Свежий ветер»
расположен в экологически чистом районе Прибайкалья. Удивительная природа, уют, высокий уровень сервиса.
Услуги: бассейн с детской зоной, большой теннис, роликовые коньки, велопрогулки, спортивный зал, прокат вертолётов.
Тел.: +7(3952) 259-262

[1] Образцы выполнения заданий 1 и 2 можно посмотреть на с. 140–141.

Спортивный парк «Волен» расположен в живописном месте Подмосковья. Это настоящий горнолыжный курорт.

Парк предлагает широкий спектр спортивных развлечений для зимнего и летнего отдыха: от экстремальных прогулок на горном велосипеде до увлекательных игр в пейнтбол. Парк располагает комфортабельной гостиницей, коттеджами, бассейном, уютными ресторанами.

Наш телефон:
+7(495) 961-00-50

Пансионат «Университетский» МГУ имени М.В. Ломоносова расположен к западу от Москвы, в курортной зоне. Этот уютный уголок Подмосковья славится своими необыкновенными пейзажами.

Спорт и развлечения: верховая езда, крытый бассейн, тренажёрный зал, площадки для игры в волейбол, футбол, теннис. Русская баня, сауна. Автобусные экскурсии.

Наш сайт: pansionatmsu.ru

Природный курорт «Яхонты» расположился недалеко от старинного города Богородск, на территории, покрытой сосновым лесом. В центре курорта — чистейшее озеро метеоритного происхождения. Уютные номера, рестораны и кафе, SPA-комплекс и аквапарк. Великолепный пляж, лодочная станция и многое другое. Высший стандарт качества.

Единый call-центр: 8-800-500-47-09

Инструкция к выполнению задания 2

Вам предлагается ситуация, относящаяся к социально-деловой сфере общения.

Ваша задача — написать текст **официально-делового характера** в соответствии с представленной ситуацией и предложенным заданием.

Время выполнения задания: **15 мин.**

Объём текста: 50–70 слов.

Задание 2. Вы вернулись из экскурсионной поездки в другой город на выставку русской одежды XVII–XVIII вв. Поездку организовало руководство вашего предприятия (вашего университета). Напишите письмо-благодарность в адрес организаторов поездки.

Инструкция к выполнению задания 3

Вам предлагается ситуация, относящаяся к социально-бытовой сфере общения.

Ваша задача — написать **неформальное письмо** в соответствии с представленной ситуацией и предложенным заданием.

Время выполнения задания: **20 мин.**

Объём текста: 100–150 слов.

Задание 3. Ваш знакомый организовал курсы русского языка. Он обратился к вам с просьбой порекомендовать ему человека на должность преподавателя этих курсов.

Напишите дружеское, неформальное письмо, в котором вы должны охарактеризовать этого человека, а именно:

- **его личностные (внутренние) качества;**
- **деловые и профессиональные качества;**
- **факты и события из его жизни, которые привлекли ваше внимание;**
- **расскажите об обстоятельствах вашего делового знакомства, а также оцените, обладает ли этот человек всеми качествами, необходимыми для работы в коммерческой фирме.**

Субтест 5. ГОВОРЕНИЕ[1]

Советуем вам готовиться к выполнению этой части теста, записывая свои реплики на диктофон. После окончания теста прослушайте запись. Во время тестирования на получение Сертификата всё, что вы будете говорить, будет записываться.

При выполнении заданий 1, 2 (позиции 1–8) старайтесь не читать текст заданий, а слушать звучащие материалы. Если вам трудно, прочитайте тексты заданий на страницах 72–73, а затем прослушайте аудиоматериалы ещё раз.

При выполнении заданий 4, 5 (позиции 13–14) постарайтесь не выходить за временны́е рамки, указанные в инструкциях.

Если вам трудно самостоятельно оценить, насколько успешно вы выполнили этот тест, обратитесь за консультацией в Центр тестирования.

Инструкция к выполнению теста

Время выполнения теста: **до 60 мин.**

Тест состоит из 3 частей, включающих 6 заданий (15 позиций).

Все ваши высказывания записываются.

Пользоваться словарём не разрешается.

ЧАСТЬ I

Инструкция к выполнению задания 1

Ваша задача — **поддержать диалог** в соответствии с заданием.

Задание выполняется без подготовки.

Время выполнения задания: **до 1,5 мин.**

Количество предъявлений: 1.

Пауза для ответа: 15 сек.

---

[1] Образцы выполнения заданий 1 (позиции 1–4), 2 (позиции 5–8) и 4 (позиция 13) можно посмотреть на с. 143–155.

Задание 1 (позиции 1–4). Представьте себе, что вы с другом (подругой) побывали на концерте. Этот концерт понравился вашему другу, но не понравился вам. Ответьте ему, используя антонимичные оценочные слова.

Инструкция к выполнению задания 2

Ваша задача — **ответить на реплики** собеседника в соответствии с заданной ситуацией и указанным намерением.

Задание выполняется без подготовки.

Время выполнения задания: **до 1,5 мин.**

Количество предъявлений: 1.

Пауза для ответа: 15 сек.

Задание 2 (позиции 5–8). Вы разговариваете с подругой, с которой договорились пойти в театр. Отреагируйте на её реплики, выражая заданное намерение.

Инструкция к выполнению задания 3

Вам будут предъявлены 4 реплики в письменном виде.

Ваша задача — **воспроизвести реплики** с интонацией, соответствующей намерению, которое предлагается собеседником.

Задание выполняется без подготовки.

Время выполнения задания: **до 1,5 мин.**

Задание 3 (позиции 9–12). Воспроизведите реплики с интонацией, соответствующей заданным намерениям.

9. — ... .
    — Опять полдня в пробке простояли!

10. — ... .
    — Завтра выходной! Будем отдыхать!

11. — ... .
    — Думаешь, завтра будет хорошая погода?

12. — ... .
    — Неужели ты сам это сделал?

ЧАСТЬ II

Инструкция к выполнению задания 4

Задание 4 (позиция 13) выполняется после просмотра видео-сюжета.

Ваша задача — составить **подробный** рассказ об увиденном в соответствии с предложенным заданием.

Количество предъявлений: 1.

Время на подготовку: **10 мин.**

Время выполнения задания: до 5 мин.

Задание 4 (позиция 13). Просмотрев фрагмент фильма «Время первых» (2017, реж. Д. Киселёв, Bazelevs, «Третий Рим»), расскажите об увиденном друзьям. Ваш рассказ должен включать описание:

а) ситуации,

б) действующих лиц,

а также объяснение, почему, по вашему мнению, возникла такая ситуация.

Инструкция к выполнению задания 5

Вы инициатор диалога. Ваша задача — **подробно** расспросить своего собеседника в соответствии с предложенным заданием.

Время на подготовку: 3 мин.

Время выполнения задания: **до 5 мин.**

Задание 5 (позиция 14). Вы прочитали в газете объявление:

Дорогие друзья!

Фитнес-клуб «Биосфера» приглашает всех желающих приятно и с пользой для здоровья провести время.

К вашим услугам: бассейн, баня, тренажёрный зал, занятия йогой, пилатесом и многое другое. Опытные тренеры.

Занятия индивидуальные и групповые, для детей и взрослых. Гибкая система скидок.

Ждём вас и в рабочие, и в выходные дни!

Наш телефон: 8-499-175-40-90.

Это объявление вас заинтересовало. Позвоните по указанному телефону и расспросите обо всем как можно более подробно, чтобы решить, стоит ли вам обращаться к организаторам выставки.

При выполнении данного задания вам нужно:
- **поздороваться, представиться;**
- **объяснить цель вашего звонка;**
- **запросить дополнительную информацию (например, о времени работы клуба, необходимых документах и т.д.);**
- **уточнить информацию, представленную в объявлении (например, правильно ли вы поняли, что могут приходить дети любого возраста);**
- **поблагодарить собеседника и попрощаться.**

ЧАСТЬ III

Инструкция к выполнению задания 6

Вы должны принять участие в **обсуждении** определённой **проблемы**.

Ваш собеседник — тестирующий.

Ваша задача — в процессе беседы высказать и отстоять свою точку зрения по предложенному вопросу, адекватно реагируя на реплики тестирующего.

Задание выполняется без подготовки.

Время выполнения задания: **до 10 мин.**

Задание 6 (позиция 15)[1]. **Примите участие в беседе на тему, предложенную тестирующим.**

В процессе обсуждения вы должны:

• высказать и уточнить своё мнение;
• обосновать мнение;
• привести примеры;
• привести сравнение;
• высказать предположение;
• сформулировать вывод.

---

[1] Обратите внимание на то, что при оценивании вашего ответа будет учитываться, как вы умеете: высказывать своё мнение, уточнять и разъяснять его; сообщать необходимую информацию; выражать оценочное суждение.

Звучащие материалы
к субтесту «Говорение»[1]

Задание 1 (позиции 1–4).

1. — Какой **замечательный** был вчера концерт!
   — ... .

2. — Выступали самые **популярные** артисты.
   — ... .

3. — А романсы исполняла **удивительно** красивая певица.
   — ... .

4. И публика была такая **активная** ... .
   — ... .

Задание 2 (позиции 5–8).

5. Выразите сочувствие:
   — Кажется, я заболела.
   — ... .

6. Выразите неудовольствие:
   — Извини, не смогу пойти с тобой на премьеру спектакля.
   — ... .

7. Дайте совет:
   — Не сердись. У меня, кажется, высокая температура.
   — ... .

8. Выразите несогласие:
   — А ты пригласи мою сестру, она с удовольствием пойдёт.
   — ... .

---

[1] Образец выполнения заданий 1 (позиции 1–4), 2 (позиции 5–8) и 4 (позиция 13) см. в приложении на страницах 143–155.

Задание 3 (позиции 9–12).

9. Вы возмущены: ... .
10. Вы рады: ... .
11. Вы сомневаетесь: ... .
12. Вы удивлены: ... .

КОНТРОЛЬНЫЕ МАТРИЦЫ

Субтест 1. ЛЕКСИКА. ГРАММАТИКА

№	А	Б	В	Г		№	А	Б	В	Г
1	А	Б	**В**	Г		26	А	Б	**В**	Г
2	А	**Б**	В	Г		27	А	Б	**В**	Г
3	**А**	Б	В	Г		28	А	Б	В	**Г**
4	А	Б	В	**Г**		29	А	**Б**	В	Г
5	А	Б	В	**Г**		30	А	Б	В	**Г**
6	**А**	Б	В	Г		31	А	**Б**	В	Г
7	А	**Б**	В	Г		32	**А**	Б	В	Г
8	А	**Б**	В	Г		33	А	**Б**	В	Г
9	**А**	Б	В	Г		34	**А**	Б	В	Г
10	А	Б	В	**Г**		35	А	Б	В	**Г**
11	А	**Б**	В	Г		36	**А**	Б	В	Г
12	А	**Б**	В	Г		37	А	Б	**В**	Г
13	А	Б	**В**	Г		38	А	**Б**	В	Г
14	**А**	Б	В	Г		39	А	Б	**В**	Г
15	А	Б	В	**Г**		40	А	**Б**	В	Г
16	**А**	Б	В	Г		41	**А**	Б	В	Г
17	А	Б	В	**Г**		42	А	Б	В	**Г**
18	**А**	Б	В	Г		43	А	**Б**	В	Г
19	А	Б	**В**	Г		44	А	Б	**В**	Г
20	А	Б	В	**Г**		45	**А**	Б	В	Г
21	А	Б	**В**	Г		46	А	Б	В	**Г**
22	А	**Б**	В	Г		47	А	Б	В	**Г**
23	**А**	Б	В	Г		48	А	Б	В	**Г**
24	А	Б	**В**	Г		49	**А**	Б	В	Г
25	А	Б	В	**Г**		50	А	**Б**	В	Г

51	А	Б	**В**	Г
52	А	Б	В	Г
53	А	Б	В	**Г**
54	А	**Б**	В	Г
55	**А**	Б	В	Г
56	**А**	Б	В	Г
57	А	Б	**В**	Г
58	А	Б	**В**	Г
59	А	Б	В	**Г**
60	А	Б	**В**	Г
61	А	**Б**	В	Г
62	**А**	Б	В	Г
63	А	**Б**	В	Г
64	**А**	Б	В	Г
65	А	Б	В	**Г**
66	А	Б	**В**	Г
67	**А**	Б	В	Г
68	А	**Б**	В	Г
69	А	Б	**В**	Г
70	А	**Б**	В	Г
71	А	Б	**В**	Г
72	**А**	Б	В	Г
73	А	**Б**	В	Г
74	А	Б	В	**Г**
75	А	Б	**В**	Г

76	**А**	Б	В	Г
77	А	Б	**В**	Г
78	А	Б	**В**	Г
79	А	Б	В	**Г**
80	А	**Б**	В	Г
81	**А**	Б		
82	А	**Б**		
83	А	**Б**		
84	**А**	Б		
85	А	**Б**		
86	А	**Б**		
87	**А**	Б		
88	**А**	Б		
89	А	**Б**		
90	**А**	Б		
91	**А**	Б		
92	А	**Б**		
93	**А**	Б		
94	**А**	Б		
95	А	**Б**	В	Г
96	А	Б	**В**	Г
97	**А**	Б	В	Г
98	А	Б	**В**	Г
99	А	Б	В	**Г**
100	А	Б	В	**Г**

101	А	**Б**	В	Г
102	**А**	Б	В	Г
103	А	Б	**В**	Г
104	А	**Б**	В	Г
105	А	Б	В	**Г**
106	**А**	Б	В	Г
107	А	**Б**	В	Г
108	А	**Б**	В	Г
109	А	**Б**	В	Г
110	А	Б	**В**	Г
111	А	Б	В	**Г**
112	А	**Б**	В	Г
113	А	Б	**В**	Г
114	А	Б	В	**Г**
115	**А**	Б	В	Г
116	А	Б	В	**Г**
117	А	Б	**В**	Г
118	**А**	Б	В	Г
119	А	Б	**В**	Г
120	А	**Б**	В	Г
121	А	**Б**	В	Г
122	А	Б	В	**Г**
123	А	Б	**В**	Г
124	А	Б	В	**Г**
125	А	**Б**	В	Г

126	А	Б	**В**	Г
127	**А**	Б	В	Г
128	А	Б	В	**Г**
129	А	Б	В	**Г**
130	А	**Б**	В	Г
131	**А**	Б	В	Г
132	А	Б	В	**Г**
133	А	Б	**В**	Г
134	**А**	Б	В	Г
135	А	**Б**	В	Г
136	**А**	Б	В	Г
137	А	Б	В	**Г**
138	А	Б	**В**	Г
139	**А**	Б	В	Г
140	А	**Б**	В	Г
141	**А**	Б	В	Г
142	А	**Б**	В	Г
143	А	Б	В	**Г**
144	**А**	Б	В	Г
145	А	Б	**В**	Г
146	А	**Б**	В	Г
147	**А**	Б	В	Г
148	А	**Б**	В	Г
149	А	Б	В	**Г**
150	**А**	Б	В	Г

Субтест 2. ЧТЕНИЕ

1	А	**Б**	В
2	А	Б	**В**
3	А	Б	**В**
4	**А**	Б	В
5	**А**	Б	В
6	А	**Б**	В
7	А	Б	**В**
8	А	**Б**	В
9	А	Б	**В**
10	**А**	Б	В
11	А	**Б**	В
12	**А**	Б	В
13	А	Б	**В**
14	А	**Б**	В
15	А	**Б**	В
16	**А**	Б	В
17	А	**Б**	В
18	А	Б	**В**
19	А	Б	**В**
20	А	**Б**	В
21	**А**	Б	В
22	А	Б	**В**
23	А	Б	**В**
24	А	**Б**	В
25	**А**	Б	В

Субтест 3. АУДИРОВАНИЕ

1	А	Б	**В**
2	**А**	Б	В
3	А	**Б**	В
4	**А**	Б	В
5	А	**Б**	В
6	А	Б	**В**
7	А	**Б**	В
8	**А**	Б	В
9	А	**Б**	В
10	**А**	Б	В
11	А	**Б**	В
12	А	Б	**В**
13	А	**Б**	В
14	А	**Б**	В
15	**А**	Б	В
16	А	Б	**В**
17	А	**Б**	В
18	**А**	Б	В
19	А	Б	**В**
20	**А**	Б	В
21	А	Б	**В**
22	А	**Б**	В
23	А	**Б**	В
24	А	Б	**В**
25	**А**	Б	В

ВАРИАНТ II

Субтест 1. ЛЕКСИКА. ГРАММАТИКА

Инструкция к выполнению теста

Время выполнения теста — 90 минут.

Тест состоит из 8 заданий и включает 150 позиций.

При выполнении теста пользоваться словарём нельзя.

В тесте слева даны предложения (1, 2 и т.д.), а справа — варианты выбора. Выберите правильный вариант и отметьте соответствующую букву на матрице. Например:

А (Б) В Г (Б — правильный вариант).

Если вы ошиблись и хотите исправить ошибку, сделайте так:

А (Б) (В̶) Г (В — ошибка, Б — правильный вариант).

ЧАСТЬ I

Задание 1. Выберите правильный вариант ответа.

1. ... переезда Максим заказал грузовое такси.	(А) Вследствие (Б) Накануне (В) В результате (Г) В течение
2. Весной ... нашей улицы посадили молодые деревья.	(А) у (Б) напротив (В) вдоль (Г) мимо
3. Кто так ... написал отчёт?!	(А) безграмотно (Б) ошибочно (В) корректно (Г) бессмысленно

4. Извини, я ... разбил твою чашку.	(А) случайно (Б) нарочно (В) искренне (Г) неожиданно
5. Каждый человек имеет право на ... мнение.	(А) частичное (Б) собственное (В) частное (Г) индивидуальное
6. Инженер Иванов всегда предлагает самые ... идеи.	(А) логичные (Б) удачные (В) благополучные (Г) результативные
7. При работе над фильмом между автором сценария и режиссёром возникли ... противоречия.	(А) трудные (Б) спорные (В) серьёзные (Г) критические
8. Все соседи просили передать вам ... скорейшего выздоровления.	(А) желание (Б) предположение (В) предложение (Г) пожелание
9. Обычно на соревнованиях у спортсменов есть три	(А) испытания (Б) старания (В) стремления (Г) попытки
10. Коллекция музея имеет высокую художественную	(А) цену (Б) оценку (В) ценность (Г) стоимость
11. Зимой мы часто покупаем ... овощи.	(А) мороженые (Б) морозные (В) помороженные (Г) замороженные

12. Сегодня мне необходимо твоё ... сочувствие.	(А) дружное (Б) дружественное (В) дружеское (Г) дружелюбное
13. Автор романа увлекательно описывает ... действия.	(А) воинские (Б) военные (В) войсковые (Г) воинствующие
14. Новый директор обещал сделать всё возможное, чтобы заслужить ... коллектива.	(А) веру (Б) доверие (В) уверенность (Г) доверенность
15. Как я устала от этих ... ни о чём!	(А) разговоров (Б) переговоров (В) уговоров (Г) договоров
16. Извини, но я не хочу слушать твои глупые	(А) обсуждения (Б) рассуждения (В) осуждения (Г) присуждения
17. На всей территории парка красивые клумбы — как ... о прошлом.	(А) напоминание (Б) воспоминание (В) упоминание (Г) припоминание
18. Ночью неожиданно ... снег.	(А) упал (Б) напал (В) попал (Г) выпал
19. В этом году наш коллектив ... большую работу.	(А) проделал (Б) переделал (В) наделал (Г) сделал

20. На улице был такой мороз, что потом дома я долго не мог … .	(А) нагреться (Б) разогреться (В) погреться (Г) согреться
21. Пожалуйста, … нашу анкету.	(А) выполните (Б) исполните (В) заполните (Г) наполните
22. … я смотрел этот фильм, но уже не помню, кто там играет.	(А) Когда-либо (Б) Когда (В) Когда-то (Г) Когда-нибудь
23. Продавец продолжал … объяснять, но мы его уже не слушали.	(А) что-то (Б) кое-что (В) что-нибудь (Г) что-либо
24. Мы с трудом … маму поехать с нами к морю.	(А) убедили (Б) увлекли (В) заговорили (Г) доказали
25. Сидя в кресле, я наблюдал, как по оконному стеклу … муха.	(А) лезет (Б) ползёт (В) бредёт (Г) бродит
26. Ещё есть время, давай … в магазин!	(А) побежим (Б) сбежим (В) вбежим (Г) забежим
27. Виктор никогда не … на уступки.	(А) лезет (Б) ведёт (В) идёт (Г) везёт

28. Наташа развелась, но ... фамилию мужа.	(А) носит (Б) несёт (В) тащит (Г) таскает
29. Никак не начну ремонт, всё руки не	(А) доводят (Б) доходят (В) доносят (Г) выходят
30. Как я рад! Всё ... как по маслу!	(А) идёт (Б) несёт (В) ведёт (Г) везёт
31. Новый коллега долго не мог ... в курс дела.	(А) зайти (Б) влезть (В) войти (Г) внести
32. Отец планировал отпуск в сентябре, но ничего не	(А) подошло (Б) прошло (В) пошло (Г) вышло

ЧАСТЬ II

Задание 2. Выберите правильный вариант ответа.

33. Игорь считает, что нет ничего важнее	(А) биология (Б) биологией (В) биологию (Г) биологии
34. В гостинице мы попросили вместо ... двухкомнатный номер.	(А) небольшому номеру (Б) небольшого номера (В) небольшим номером (Г) небольшой номер

35. Вопреки ... Иван решил купить самую дорогую машину.	(А) моего совета (Б) с моим советом (В) моему совету (Г) мой совет
36. Огромная собака выбежала ... дома, испугав нас.	(А) из-под угла (Б) из-за угла (В) за угол (Г) под углом
37. Мама нежно погладила девочку	(А) по голове (Б) на голову (В) на голове (Г) голову
38. ... родителей у ребёнка могут начаться проблемы в школе.	(А) От развода (Б) В силу развода (В) Из-за развода (Г) По поводу развода
39. Высказывания Дарьи представляются мне очень	(А) оригинальными (Б) оригинальные (В) оригинальны (Г) оригинально
40. На прошлой неделе ко мне ... приезжала подруга.	(А) за 3 дня (Б) в 3 дня (В) на 3 дня (Г) через 3 дня
41. Виктор женился ... после окончания университета.	(А) за год (Б) до года (В) в год (Г) через год
42. Как приятно гулять по парку ... !	(А) во время ранней осени (Б) ранней осенью (В) ранней осени (Г) в раннюю осень

43. Сегодня воскресенье, вас может принять только … .	(А) к дежурному врачу (Б) дежурного врача (В) дежурный врач (Г) с дежурным врачом
44. Вадим решил вложить свои деньги … .	(А) выгодной покупкой (Б) к выгодной покупке (В) для выгодной покупки (Г) в выгодную покупку
45. Для нашего разговора сложилась … .	(А) неподходящая обстановка (Б) неподходящей обстановки (В) в неподходящей обстановке (Г) с неподходящей обстановкой
46. Настя вышла замуж … .	(А) с большой любовью (Б) благодаря большой любви (В) из-за большой любви (Г) по большой любви
47. В зале … концерт становится прибыльным.	(А) в тысячу человек (Б) с тысячей человек (В) на тысячу человек (Г) при тысяче человек
48. После проведённого мероприятия моё представление … совершенно изменилось.	(А) о вашей фирме (Б) на вашу фирму (В) от вашей фирмы (Г) к вашей фирме
49. Архитектор предложил дополнить проект переходом … .	(А) соседнего здания (Б) в соседнее здание (В) с соседним зданием (Г) соседнему зданию

50. Этот ресторан знаменит ... мясных блюд.	(А) отличный выбор (Б) отличного выбора (В) отличному выбору (Г) отличным выбором
51. В своей работе Олег продумывает	(А) о каждом шаге (Б) на каждый шаг (В) каждый шаг (Г) каждого шага
52. Бесспорно, проект Людмилы Ивановны достоин	(А) наше одобрение (Б) нашего одобрения (В) нашему одобрению (Г) с нашим одобрением
53. Вы сможете аргументировать ... ?	(А) свою точку зрения (Б) своя точка зрения (В) о своей точке зрения (Г) со своей точкой зрения
54. Директор рекомендовал ... уточнить план работы.	(А) новой сотруднице (Б) новую сотрудницу (В) с новой сотрудницей (Г) о новой сотруднице
55. Современная литература совершенно не интересует	(А) Галине Антоновне (Б) Галины Антоновны (В) Галиной Антоновной (Г) Галину Антоновну
56. Секрет его успеха заключается ... убеждать людей.	(А) удивительного умения (Б) удивительным умением (В) в удивительном умении (Г) к удивительному умению

57. Эта новая фирма успешно сотрудничает … .	(А) химического предприятия (Б) в химическом предприятии (В) для химического предприятия (Г) с химическим предприятием
58. Максим Петрович убеждён … своего ученика.	(А) в огромном таланте (Б) к огромному таланту (В) за огромный талант (Г) на огромном таланте
59. С Николаем лучше не спорить … .	(А) о современных писателях (Б) на современные писатели (В) к современным писателям (Г) с современными писателями
60. Не думаю, что мы сможем ограничиться … .	(А) на этих мерах (Б) этими мерами (В) на эти меры (Г) с этих мер
61. Миша попросил освободить его … .	(А) к зимним тренировкам (Б) в зимние тренировки (В) зимними тренировками (Г) от зимних тренировок
62. Журналисты пожелали Фёдору … .	(А) удачные путешествия (Б) на удачные путешествия (В) удачных путешествий (Г) удачными путешествиями

63. Газеты должны освещать … .	(А) об актуальных событиях (Б) актуальных событий (В) с актуальными событиями (Г) актуальные события
64. Валера пришёл позднее и сам представился … .	(А) с моими друзьями (Б) к моим друзьям (В) моих друзей (Г) моим друзьям
65. Нам хотелось бы возразить … .	(А) нашим оппонентам (Б) нашими оппонентами (В) к нашим оппонентам (Г) с нашими оппонентами
66. Мария Павловна ненавидит … .	(А) незапланированных расходов (Б) незапланированные расходы (В) незапланированным расходам (Г) незапланированными расходами
67. Спасибо, я не нуждаюсь … .	(А) твоим советам (Б) с твоими советами (В) на твои советы (Г) в твоих советах
68. … выпускников обычно присутствует директор школы.	(А) При ежегодных встречах (Б) На ежегодных встречах (В) В ежегодных встречах (Г) К ежегодным встречам

69. Владимир внимательно следит ... своих сыновей.	(А) спортивных успехов (Б) на спортивные успехи (В) о спортивных успехах (Г) за спортивными успехами
70. Интерес ... у Сергея проявился ещё в школе.	(А) точными науками (Б) по точным наукам (В) к точным наукам (Г) на точные науки
71. Конечно, в любой ситуации мы принимаем решение ... своих детей.	(А) ради интересов (Б) в интересах (В) для интересов (Г) с интересами
72. Мы поняли, что рассказчик намекал	(А) известными артистами (Б) об известных артистах (В) на известных артистов (Г) к известным артистам
73. Современные фильмы Галину Антоновну совершенно не	(А) возмущают (Б) возмущает (В) возмущена (Г) возмущены
74. Эти новые проекты не ... нашим руководителем.	(А) одобряются (Б) одобряется (В) одобрил (Г) одобрились
75. Боюсь, что мне могут не	(А) верят (Б) верить (В) поверить (Г) поверят

76. Никто из собравшихся в зале не ... выступающего.	(А) поддержали (Б) поддержало (В) поддержал (Г) поддержала
77. Эти два сообщения ... в газете ещё месяц назад.	(А) появился (Б) появилось (В) появилась (Г) появились
78. На мой взгляд, за прошедшие годы многое в жизни	(А) изменится (Б) изменилась (В) изменяется (Г) изменилось
79. К обеду на улице	(А) потеплел (Б) потеплела (В) потеплело (Г) потеплели
80. Группой молодых артистов ... новая программа.	(А) подготовили (Б) подготовлена (В) подготовила (Г) подготовлены
81. Тебе следует ... творчеством своего друга.	(А) интересуешься (Б) интересовался (В) интересуется (Г) интересоваться
82. Уже поздно, а соседи так шумят, что не	(А) заснёшь (Б) засыпаешь
83. До дома мне ... часа полтора, не меньше.	(А) добираться (Б) добраться
84. В такой холод недолго и	(А) заболевать (Б) заболеть

85. Пожалуйста, ... , наконец, телевизор, пора спать!	(А) выключите (Б) выключайте
86. Ты ещё не говорил с Виктором? Давно пора было ему	(А) звонить (Б) позвонить
87. Я бы обязательно купила билеты, ... вы заранее.	(А) попросили бы (Б) попроси
88. Спокойной ночи! И пусть тебе ... наш сегодняшний праздник.	(А) приснится (Б) приснился
89. Сегодня ничего не ... , я ужинаю в ресторане.	(А) готовьте (Б) приготовьте
90. Не ... я ребёнка за город, он бы не простудился.	(А) отпускай (Б) отпусти
91. Не советую ... внимание на такие пустяки.	(А) обратить (Б) обращать
92. Чтобы начать эту работу, требуется ... разрешение директора.	(А) получить (Б) получать
93. На двери мы увидели объявление: «Просьба не ... ».	(А) шумите (Б) шуметь
94. Секретарь запомнила фамилию женщины, ... телефон.	(А) оставляющей (Б) оставленной (В) оставленный (Г) оставившей
95. Парк находился у храма, ... в 1487 году.	(А) строившегося (Б) построенного (В) построен (Г) построившегося
96. Меня очень обрадовало приглашение на премьеру, ... через Нину.	(А) передающее (Б) передававшая (В) передаваемое (Г) переданное

97. Комиссия благодарит всех зрителей, ... письма со своей оценкой.	(А) присылаемые (Б) присылаемых (В) приславших (Г) присылавшие
98. ... на отдых, соседи оставили нам ключи.	(А) Уезжая (Б) Уехав (В) Уехавшие (Г) Уезжающие
99. ... в магазине однокурсника, Люда сначала не узнала его.	(А) Встречая (Б) Встретив (В) Встретившая (Г) Встречающая
100. Лида выключила компьютер, ... файл.	(А) сохраняющая (Б) сохранившая (В) сохраняя (Г) сохранив
101. Хорошо отдохнув летом, ...	(А) работа продолжается (Б) работа будет продолжена (В) работа продолжится (Г) можно продолжать работу

Задание 3. Установите синонимические соответствия между выделенными конструкциями и вариантами ответа.

102. Премию получил проект, **который осуществили** в прошлом году.	(А) осуществлённый (Б) осуществляемый (В) осуществивший (Г) осуществлён
103. Нам понравился праздник, **который устроил** ТГУ.	(А) устраиваемый (Б) устроивший (В) устроен (Г) устроенный

104. Все пассажиры, **зарегистрировавшиеся** на рейс, уже проходят паспортный контроль.	(А) которых зарегистрировали (Б) которые зарегистрировались (В) которые регистрировались (Г) которые зарегистрируются
105. Вы можете исправить механизм, **установив** причины аварии.	(А) потому что установите (Б) когда установите (В) пока установите (Г) так как установите
106. **Выслушав** родителей, Коля поступил по-своему.	(А) пока выслушал (Б) так как выслушал (В) хотя выслушал (Г) поскольку выслушал
107. **Обсудив** проблему, участники встречи смогли принять общее решение.	(А) хотя обсудили (Б) если обсудили (В) так как обсудили (Г) после того как обсудили
108. Пётр Иванович сделал всё возможное, **убеждая друзей** поехать на экскурсию.	(А) потому что убедил друзей (Б) поскольку убеждал друзей (В) чтобы убедить друзей (Г) когда убедил друзей

ЧАСТЬ III

Задание 4. Выберите правильный вариант ответа.

109. Посоветуй, пожалуйста, ... брать отпуск зимой?	(А) стоит ли (Б) если стоит
110. Надо давать детям фрукты, ... они будут здоровы.	(А) тогда (Б) потом
111. Все уговаривали Борю остаться, ... он не уехал.	(А) но (Б) а (В) и (Г) да
112. Билеты на поезд были очень дорогими, ... мы быстро доехали.	(А) и (Б) да (В) раз (Г) зато
113. Мой приятель любит живопись, ... часто хожу на выставки.	(А) но я (Б) я так (В) да я (Г) я тоже
114. Вадим твёрдо обещал приехать, ... был слишком занят и не смог.	(А) а (Б) однако (В) да и (Г) зато
115. Каждый год бабушка сажала на огороде ... капусту, ... помидоры.	(А) либо ... либо ... (Б) не то ... не то ... (В) не так ... как ... (Г) когда ... тогда и ...
116. Малыш изобразил странное животное — ... собаку, ... бегемота.	(А) как ... так и (Б) либо ... либо (В) то ли ... то ли ... (Г) не только ..., но и

117. Мы не поехали за город, боясь, ... будет гроза.	(А) что (Б) если (В) потому что (Г) когда
118. Мы не звонили Гале, ... её не расстраивать.	(А) как бы (Б) хотя (В) чтобы (Г) потому что
119. Вера Петровна играет в любые игры, ... дети не скучали.	(А) если бы (Б) как бы (В) потому что (Г) лишь бы
120. Лида думала, что дождь кончится, ... мы будем на концерте.	(А) после того как (Б) до тех пор как (В) прежде чем (Г) пока
121. Мы долго спорили, ... начали работать.	(А) до тех пор (Б) прежде чем (В) пока (Г) как
122. Мы могли бы отложить наши занятия, ... все согласны.	(А) когда (Б) раз (В) если бы (Г) как
123. Туристов предупредили, ... они взяли тёплые вещи.	(А) что (Б) если (В) чтобы (Г) так как
124. Виктор слишком серьёзный, я не видел, ... он смеялся.	(А) когда (Б) чтобы (В) вследствие чего (Г) если

125. Иван предпочитает общаться с теми, ... юмор.	(А) кто понимает (Б) какие понимают (В) которые понимают (Г) с кем понимает
126. Наша поездка оказалась удачнее, ... мы думали.	(А) чем (Б) как (В) что (Г) будто
127. Дети сразу перевели текст, ... у них не было словаря.	(А) после того как (Б) потому что (В) несмотря на то что (Г) поэтому
128. Люди писали письма ещё в те времена, ... не было Интернета.	(А) когда (Б) пока (В) какие (Г) что

Задание 5. Установите синонимические соответствия между выделенными конструкциями и вариантами ответа.

129. Его **приход** удивительным образом **оказался к месту**.	(А) он пришёл на нужное место (Б) он пришёл вовремя (В) его приход был кстати (Г) он пришёл туда, где его ждали
130. **От страха** Маша не могла сделать ни шагу.	(А) потому что испугалась (Б) благодаря тому что испугалась (В) после того как испугалась (Г) когда испугалась
131. **По случаю юбилея** фирмы сотрудникам выдали премию.	(А) Когда был юбилей (Б) Во время юбилея (В) В результате юбилея (Г) Поскольку был юбилей

Задание 6. Прочитайте текст официально-делового характера (жалобу). Выберите правильный вариант ответа.

132. (А) Товарищу директору

(Б) Господину директору

(В) Дорогому директору

(Г) Директору

туристической фирмы «Кругосветка»

133. (А) Сидорову В.А.

(Б) Сидорову Владимиру А.

(В) Владимиру А. Сидорову

(Г) Сидорову В. Алексеевичу

134. (А) от Жаровой Е.П., клиентки

(Б) от клиента Жаровой Е.П.

(В) от клиентки Жаровой

(Г) от клиента Жаровой Елены П.

Жалоба

135. (А) В сентябре этого года; (Б) С 10 по 15 сентября этого года; (В) В этом году в сентябре; (Г) В сентябре, в этом году я участвовала в экскурсии, **136.** (А) устроенной вашей фирмой; (Б) организованной вашей фирмой; (В) от вашей фирмы; (Г) совместно с вашей фирмой.

Обращаю ваше внимание, что организация экскурсии в г. Суздаль была неудовлетворительной: мы осмотрели один музей **137.** (А) несмотря на запланированные три; (Б) хоть и планировали три; (В) вместо трёх запланированных; (Г) а в плане-то было три. К тому же **138.** (А) по вине экскурсовода Агеева Н.; (Б) в связи с экскурсоводом; (В) по причине экскурсовода; (Г) из-за вашего Агеева Н. мы опоздали на обед.

139. (А) Попросила бы Вас; (Б) Очень прошу Вас; (В) И я прошу Вас; (Г) Прошу Вас принять соответствующие меры и **140.** (А) выплатить мне компенсацию; (Б) отдать мне деньги; (В) вернуть мои деньги; (Г) отдать мне компенсацию в размере 20 % от стоимости поездки.

Жарова Е.П.

Задание 7. Прочитайте аннотацию к книге «Российские государи» и выберите правильный вариант ответа.

141. Книга ... сборник работ, изданных в конце XIX века.	(А) представила собой (Б) представляя собой (В) представляющая собой (Г) представляет собой
142. В её основе лежит серия эссе, ... в Англии в 1895 году.	(А) выходили (Б) выходят (В) вышедших (Г) выходящих
143. В сборнике ... сведения о стране в период царствования того или иного монарха.	(А) содержит (Б) содержат (В) содержатся (Г) содержится
144. Источником этих сведений послужили материалы, ... за рубежом.	(А) сохранившиеся (Б) хранящие (В) сохранившие (Г) сохраняют
145. Книга ... при участии Российского независимого института социальных проблем.	(А) подготовилась (Б) подготовлена (В) подготовили (Г) подготовится

Задание 8. Прочитайте текст, выберите варианты ответа, соответствующие газетно-публицистическому стилю.

| 146. Открытие выставочного проекта «100 чудес России» ... на лето этого года. | (А) задумали
(Б) планируется
(В) устроено
(Г) будет |
| 147. Этот проект ... в залах Исторического музея в Москве. | (А) можно увидеть
(Б) осуществят
(В) будут предлагать
(Г) будет представлен |

148. Благодаря современным муль- тимедийным технологиям гости экспозиции смогут ... захватыва- ющее путешествие по стране.	(А) совершить (Б) сделать (В) организовать (Г) пройти
149. Проект ... полюбоваться всеми красотами Байкала, Алтая, вул- канов Камчатки и так далее.	(А) разрешит (Б) выдаст шанс (В) даст возможность (Г) представит случай
150. Основная цель проекта «100 чудес России» — поддержка и ... помощь в развитии туризма.	(А) всесторонняя (Б) различная (В) разная (Г) любая

РАБОЧАЯ МАТРИЦА

Максимальное количество баллов за тест — 150

1	А	Б	В	Г
2	А	Б	В	Г
3	А	Б	В	Г
4	А	Б	В	Г
5	А	Б	В	Г
6	А	Б	В	Г
7	А	Б	В	Г
8	А	Б	В	Г
9	А	Б	В	Г
10	А	Б	В	Г
11	А	Б	В	Г
12	А	Б	В	Г
13	А	Б	В	Г
14	А	Б	В	Г
15	А	Б	В	Г
16	А	Б	В	Г
17	А	Б	В	Г
18	А	Б	В	Г
19	А	Б	В	Г
20	А	Б	В	Г
21	А	Б	В	Г
22	А	Б	В	Г
23	А	Б	В	Г
24	А	Б	В	Г
25	А	Б	В	Г

26	А	Б	В	Г
27	А	Б	В	Г
28	А	Б	В	Г
29	А	Б	В	Г
30	А	Б	В	Г
31	А	Б	В	Г
32	А	Б	В	Г
33	А	Б	В	Г
34	А	Б	В	Г
35	А	Б	В	Г
36	А	Б	В	Г
37	А	Б	В	Г
38	А	Б	В	Г
39	А	Б	В	Г
40	А	Б	В	Г
41	А	Б	В	Г
42	А	Б	В	Г
43	А	Б	В	Г
44	А	Б	В	Г
45	А	Б	В	Г
46	А	Б	В	Г
47	А	Б	В	Г
48	А	Б	В	Г
49	А	Б	В	Г
50	А	Б	В	Г

51	А	Б	В	Г
52	А	Б	В	Г
53	А	Б	В	Г
54	А	Б	В	Г
55	А	Б	В	Г
56	А	Б	В	Г
57	А	Б	В	Г
58	А	Б	В	Г
59	А	Б	В	Г
60	А	Б	В	Г
61	А	Б	В	Г
62	А	Б	В	Г
63	А	Б	В	Г
64	А	Б	В	Г
65	А	Б	В	Г
66	А	Б	В	Г
67	А	Б	В	Г
68	А	Б	В	Г
69	А	Б	В	Г
70	А	Б	В	Г
71	А	Б	В	Г
72	А	Б	В	Г
73	А	Б	В	Г
74	А	Б	В	Г
75	А	Б	В	Г

76	А	Б	В	Г
77	А	Б	В	Г
78	А	Б	В	Г
79	А	Б	В	Г
80	А	Б	В	Г
81	А	Б	В	Г
82	А	Б		
83	А	Б		
84	А	Б		
85	А	Б		
86	А	Б		
87	А	Б		
88	А	Б		
89	А	Б		
90	А	Б		
91	А	Б		
92	А	Б		
93	А	Б		
94	А	Б	В	Г
95	А	Б	В	Г
96	А	Б	В	Г
97	А	Б	В	Г
98	А	Б	В	Г
99	А	Б	В	Г
100	А	Б	В	Г

101	А	Б	В	Г
102	А	Б	В	Г
103	А	Б	В	Г
104	А	Б	В	Г
105	А	Б	В	Г
106	А	Б	В	Г
107	А	Б	В	Г
108	А	Б		
109	А	Б		
110	А	Б	В	Г
111	А	Б	В	Г
112	А	Б	В	Г
113	А	Б	В	Г
114	А	Б	В	Г
115	А	Б	В	Г
116	А	Б	В	Г
117	А	Б	В	Г
118	А	Б	В	Г
119	А	Б	В	Г
120	А	Б	В	Г
121	А	Б	В	Г
122	А	Б	В	Г
123	А	Б	В	Г
124	А	Б	В	Г
125	А	Б	В	Г

126	А	Б	В	Г
127	А	Б	В	Г
128	А	Б	В	Г
129	А	Б	В	Г
130	А	Б	В	Г
131	А	Б	В	Г
132	А	Б	В	Г
133	А	Б	В	Г
134	А	Б	В	Г
135	А	Б	В	Г
136	А	Б	В	Г
137	А	Б	В	Г
138	А	Б	В	Г
139	А	Б	В	Г
140	А	Б	В	Г
141	А	Б	В	Г
142	А	Б	В	Г
143	А	Б	В	Г
144	А	Б	В	Г
145	А	Б	В	Г
146	А	Б	В	Г
147	А	Б	В	Г
148	А	Б	В	Г
149	А	Б	В	Г
150	А	Б	В	Г

Проверьте по контрольной матрице на страницах 134–136, правильно ли вы выполнили тест. Или используйте для проверки сервис ZipGrade.com.

За каждое задание, которое вы правильно выполнили, вы получаете 1 балл. Вы успешно прошли тест, если правильно выполнили 99 и более заданий. Если вы не успели выполнить все задания или правильно выполнили менее 99 заданий, советуем вам повторить слова и грамматику и выполнить этот тест ещё раз.

Субтест 2. ЧТЕНИЕ

Инструкция по выполнению теста

Время выполнения теста — 60 мин.

Тест состоит из 2 частей, 3 текстов, тестовых заданий к ним и матрицы.

После того как вы прочитаете текст и ознакомитесь с заданиями, выберите правильный вариант ответа и отметьте соответствующую букву в матрице. Например:

А (Б) В (Б — правильный вариант).

Если вы ошиблись и хотите исправить ошибку, сделайте так:

(Х) (Б) В (А — ошибка, Б — правильный вариант).

При выполнении заданий части II можно пользоваться толковым словарём русского языка.

ЧАСТЬ I

Инструкция к выполнению заданий 1–8

Вам предъявляется текст.

Ваша задача — прочитать текст и **закончить предложения**, данные после текста. Выберите правильный вариант ответа и отметьте его в матрице.

Время выполнения заданий: **15 мин.**

Задания 1–8. Прочитайте отрывок из путеводителя по музею и предложения, которые даны после текста. Выполните задания в соответствии с инструкцией.

Текст 1. Музей имени А. Бахрушина

Старинная улица в центре Москвы носит имя одного из самых известных своих жителей — купца и благотворителя Алексея Бахрушина. Его дом, который и сейчас привлекает внимание своей незаурядной архитектурой, многие годы является местом, притягивающим любителей русского театра. В этом доме находится Государственный центральный театральный музей имени А.А. Бахрушина. Знаменитый особняк является самым крупным в Европе музеем театральных шедевров.

Сегодня в фондах музея более полутора миллионов экспонатов. Это эскизы костюмов и декораций выдающихся художников, фотографии и портреты, сценические костюмы великих актёров, редкие издания по театральному искусству и многое другое. Помимо многочисленных выставок и экскурсий, в музее проводятся встречи с известными артистами, а также лекции по истории театра с использованием уникальных материалов.

А.А. Бахрушин на деле доказал, что коллекционерами мирового масштаба и основателями музеев не рождаются, а становятся. Стартом для увлечения Алексея Александровича стал спор с купцом Купреяновым в 1890 году: кто из них за год сможет собрать больше предметов, относящихся к истории русского театра. Выиграв пари, Бахрушин продолжал заниматься этой темой до конца своих дней, став основателем театрального музея.

До появления музея Бахрушин был, скорее, любителем, в его увлечении не было ничего необычного: коллекционирование и собирательство были вполне рядовыми занятиями для людей его круга. В поисках новых предметов Алексей Бахрушин не раз совершал путешествия по России, из которых привозил произведения народного искусства, мебель, старинные русские костюмы.

Со временем в круг интересов Алексея Александровича вошёл и зарубежный театр. Его коллекция пополнялась благодаря поездкам за границу: в начале XX века он трижды предпринимал специальные поездки для пополнения разделов по истории западноевропейского театра.

Свой музей Алексей Бахрушин называл литературно-театральным. В его собрании выделялись три раздела — литературный, драматический и музыкальный.

В литературном разделе собраны редкие издания пьес А.С. Пушкина, А.С. Грибоедова, дневники известных деятелей культуры.

В драматическом разделе находятся декорации, афиши, портреты актёров и драматургов. Особую ценность представляли личные вещи прославленных актёров. Изюминка собрания — коллекция балетных туфелек. В этом разделе находилась и изумительная портретная галерея.

Музыкальный отдел состоял из инструментов разных времён и народов.

25 ноября 1913 года коллекция была передана в дар Академии наук и стала Театральным музеем. Это одна из немногих коллекций старой Москвы, уцелевшая до наших дней. Несколько соседних зданий постройки XIX века по улице Бахрушина также переданы музею, поскольку его фонды продолжают пополняться. В наши дни работает одиннадцать филиалов, расположенных в домах и квартирах, в которых проживали известные театральные деятели.

По материалам сайта http://www.gctm.ru/history/

1. Музей А. Бахрушина находится ... .
   (А) в специально построенном здании
   (Б) в здании, где родился А. Бахрушин
   (В) в здании, где жил А. Бахрушин

2. Этот музей известен тем, что ... .
   (А) является самым большим театральным музеем
       в Европе
   (Б) представляет оригинальную экспозицию
   (В) является самым старым музеем театра

3. В музее А. Бахрушина ... .
   (А) работает постоянная выставка
   (Б) проходит много разных мероприятий
   (В) организуются тематические выставки

4. А. Бахрушин начал коллекционировать предметы театра, так как ... .
   (А) был увлечён театром
   (Б) хотел выиграть пари
   (В) мечтал прославиться своей коллекцией

5. Во времена А. Бахрушина … .
   (А) многие богатые люди занимались коллекциониро-
   ванием
   (Б) большие коллекции были редкостью
   (В) частные коллекции вызывали удивление

6. Коллекция музея характеризуется … .
   (А) высокой стоимостью
   (Б) большим разнообразием
   (В) уникальным содержанием

7. Коллекция музея … .
   (А) представляет театр как особый вид искусства
   (Б) рассказывает об истории развития русского театра
   (В) даёт представление о современном состоянии театра

8. Все экспонаты музея находятся … .
   (А) в особняке на улице А. Бахрушина
   (Б) в комплексе близлежащих зданий
   (В) в разных районах города

Инструкция к выполнению заданий 9—15

Прочитайте текст и предложения, которые даны после текста.
Выберите правильный вариант ответа и отметьте его в матрице.

**Задания 9—15. Прочитайте текст 2 (отрывок из статьи) и
предложения, которые даны после текста. Выполните задания в соответствии с инструкцией.**

Текст 2

Достаньте альбом прошлого века и задумайтесь, хватит ли у
вас фотографий 2000—2020 годов, чтобы заполнить ещё один такой альбом. Вряд ли...
Первые фотоальбомы возникли в 1598 году. Поначалу в них
вклеивали вырезки, а потом уже снимки. В 1854 году была за-
патентована визитная фотокарточка. Карточки дарили друг дру-

гу, хранили как память о человеке. Для их собирания издавались специальные книги с прорезями для фиксации карточек. В 1872 году американский писатель Марк Твен запатентовал свой «самостоятельно наполняемый» альбом. К началу XX века было уже около шестидесяти разновидностей таких альбомов, что принесло писателю сумму гораздо большую, чем та, что он получил за все свои изданные книги.

Современные технологии поменяли наше отношение к фотопроцессу. Цифровая эпоха снабдила нас возможностью снимать всегда и везде. Но это же делает истории миллионов семей всё более бесплотными. Ни тебе уютных плюшевых альбомов, ни отснятой кем-то когда-то плёнки. Кануло в Лету и любимое таинство детства, известное многим: сидеть с отцом голова к голове в темноте ванной комнаты и смотреть не дыша, как в неярком красном свете проступает на бумаге прожитая совсем недавно жизнь...

Увы, семейные фотоархивы теперь чаще измеряются виртуальными гигабайтами, зачастую открытыми всем и каждому. Эта открытость, утверждают психологи, не только дань изменившимся технологиям.

— Наше общество стало чуть другим, — утверждает психолог Дмитрий Смыслов. — Мы стали частью общества рыночного типа, а задача членов такого общества — продать себя подороже. Если человек демонстрирует в онлайне, где он бывает, какую машину водит, что носит, это в некотором смысле повышает его цену. И ещё: если раньше фамильные фотоальбомы как бы скрепляли родственников в одном, закрытом для чужаков, пространстве, то сейчас в нашу внутреннюю историю вхож любой пользователь соцсети. Неудивительно, что человек всё более склонен казаться, а не быть.

Всё большую виртуальность личных архивов не приветствуют и историки. И это неудивительно, ведь самым надёжным хранителем информации специалисты по-прежнему считают бумагу. Лимитированное количество кадров заставляет фотографа ответственно подходить к съёмке, вдумываясь в каждый кадр, чувствовать ситуацию.

По материалам статьи Е. Головиной «Бесплотная материя»

9. Рассуждая о современных фотоархивах, автор испытывает чувство … .

    (А) гордости

    (Б) сожаления

    (В) удовлетворения

10. В первых альбомах хранились … .

    (А) фотографии

    (Б) визитные карточки

    (В) памятные вещи

11. Большую сумму денег Марк Твен получил … .

    (А) за издание огромного количества книг

    (Б) за разработку новых визитных карточек

    (В) за создание специального альбома

12. По мнению автора, печатание фотографий дома вызывало у детей чувство … .

    (А) удовольствия

    (Б) веселья

    (В) скуки

13. Психолог полагает, что цифровая фотография … .

    (А) ослабляет семейные связи

    (Б) обогащает семейный архив

    (В) не оказывает влияния на отношения в семье

14. По утверждению психолога, цифровая фотография помогает людям … .

    (А) стать более открытыми для всех

    (Б) продемонстрировать свои достижения

    (В) показать себя в выгодном свете

15. Распространение цифровых технологий историки … .

    (А) оценивают положительно

    (Б) считают негативным явлением

    (В) расценивают как объективный процесс

ЧАСТЬ II

Инструкция к выполнению заданий 16–25

Прочитайте текст и предложения, которые даны после текста. Выберите правильный вариант ответа и отметьте его в матрице.

Задания 16–25. Прочитайте текст 3 (отрывок из рассказа) и предложения, которые даны после текста. Выполните задания в соответствии с инструкцией.

Текст 3

...Выскочив из дома в чёрном свитере, я помчалась через двор — навстречу сбывшемуся счастью...

— Можно вас на минутку?

В нашем дворе жила семья каких-то восточных людей — не то персов, не то осетин, не то бухарских евреев. Отец семейства, щуплый человечек, работал экспедитором, развозил на машине мясо. Часто в обеденное время во дворе стояла его машина с синим фургоном. А матери в семействе не было, вот какая беда у них стряслась: мать умерла за три года до всей этой истории.

— Можно вас на минуточку? — ко мне, робко улыбаясь, подходил папа семейства. — Если вы не очень торопитесь...

— Да, пожалуйста, — я сложила на лице выражение приветственного внимания.

— Мы не знакомы, но мы об вас знаем... — торопливо заговорил он, всё так же робко улыбаясь. — Об вас во дворе хорошо говорят...

— Да? — вежливо удивилась я, не зная, что ещё сказать по этому поводу. Секунды уносились прочь. — Так... что же?

— Вы ведь закончили консерваторию? — радостно продолжал он.

Я затосковала.

— Ну... вообще-то... да... — промямлила я.

К тому времени прошёл год, как я рассталась с работой в консерватории и освободилась для занятий литературой. И эта долгожданная свобода казалась мне непозволительным счастьем, чем-то из ряда вон выходящим. <…> Я ещё не смела до конца поверить, что свободна, свободна… <…>

Маленький вежливый человечек напомнил о моей многолетней каторге… <…> и плечи мои содрогнулись…

Папа семейства опустил тяжёлую сумку с картошкой. <…>

— Я насчёт дочки… — продолжал он, разминая руки с багровыми следами от сумки. — Она такая способная, такая умница, Вы просто получите удовольствие!

— А-а, — поняла я, — вы хотите её музыке учить?

— Вы будете получать большое удовольствие, — просительно повторил он и торопливо добавил: — Цену сами назовите!

— К сожалению, я уже не связана с музыкой. Понимаете, совсем… — Я сделала огорчённо-вежливое лицо и даже руками развела. Потом взглянула на часы и беззвучно застонала.

— Как это — совсем? — он недоверчиво улыбнулся. — Ну, до-ми-соль какое-нибудь ещё помните?

— До-ми-соль помню, — уныло согласилась я, чувствуя, что втягиваюсь в какие-то нелепые объяснения, вместо того чтобы вежливо, но твёрдо отказать сразу.

— Мы очень хотим вас, — сказал он и вздохнул. — Об вас во дворе хорошо говорят. Вы будете получать от неё удовольствие, она такая способная, моя Карина!

— Знаете что, — предложила я, — давайте я созвонюсь с друзьями-музыкантами и подыщу для вашей Карины хорошего педагога.

— Мы только вас хотим, — грустно, но настойчиво возразил он. — Её покойная мать так мечтала об этом…

Я поняла, что погибла. <…>

У меня есть жёсткие правила, я умею отказывать. Я умею дорожить своим временем и оберегать его от посягательств ненужных мне людей. Необходимо только, чтобы люди эти были вполне благополучны. <…>

— Да, её покойная мать просто-таки мечтала, — сурово повторил папа семейства, — чтобы Карина научилась играть на инструменте. А цену назовите сами.

— При чём здесь деньги! — я ещё пыталась устоять, но это было уже бессмысленно. Есть понятия, которые своим святым значением действуют на мою жизнестойкость парализующее. Девочка была сиротой, и бесполезным становилось дальнейшее препирательство, я уже знала, что займусь этим ненужным и бесконечно мучительным для меня делом — стану давать девочке уроки музыки.

— Ну хорошо, — уныло сказала я. — Посмотрим... Я зайду сегодня, попозже. Познакомлюсь с вашей девочкой.

Он вспыхнул от радости и заговорил быстро, сбивчиво и говорил ещё минут пять. А я вежливо кивала и от ненависти была близка к обмороку, если такая причина для обмороков существует. Я ненавидела его, свою будущую ученицу, свою тряпичность. Но больше всего я ненавидела своё музыкальное образование.

По рассказу Д. Рубиной «Уроки музыки»

16. Отец семейства вступил в разговор с женщиной, которая ... .
 (А) отправилась по своим делам
 (Б) вышла прогуляться
 (В) куда-то спешила

17. Эта женщина ... заговорившего с ней мужчину.
 (А) знала понаслышке
 (Б) знала в лицо
 (В) впервые видела

18. Женщина ... этот разговор.
 (А) сделала вид, что ей интересен
 (Б) попыталась прервать
 (В) не скрывала, что ей неприятен

19. В настоящее время жизнь этой женщины напрямую связана ... .
 (А) с учебой в консерватории
 (Б) с литературным трудом
 (В) с преподаванием музыки

20. К музыке эта женщина относится … .
    (А) с тяжёлым чувством
    (Б) с огромным интересом
    (В) со слепым обожанием

21. Отец семейства … .
    (А) хорошо разбирался в музыке
    (Б) выполнял волю жены
    (В) был уверен в таланте своей дочери

22. Женщина, говорившая с мужчиной, … .
    (А) обладала твёрдым характером
    (Б) старалась быть сдержанной
    (В) была жалостливой

23. Женщина отказывалась от занятий, поскольку … .
    (А) была занята другими делами
    (Б) считала себя неопытным преподавателем
    (В) не нуждалась в деньгах

24. На предложение собеседника женщина … .
    (А) ответила согласием
    (Б) ответила отрицательно
    (В) дала уклончивый ответ

25. Итог разговора … .
    (А) удовлетворил обоих собеседников
    (Б) принёс облегчение одному из собеседников
    (В) никому не принёс удовлетворения

РАБОЧАЯ МАТРИЦА

Максимальное количество баллов за тест — 150

1	А	Б	В
2	А	Б	В
3	А	Б	В
4	А	Б	В
5	А	Б	В
6	А	Б	В
7	А	Б	В
8	А	Б	В
9	А	Б	В
10	А	Б	В
11	А	Б	В
12	А	Б	В
13	А	Б	В
14	А	Б	В
15	А	Б	В
16	А	Б	В
17	А	Б	В
18	А	Б	В
19	А	Б	В
20	А	Б	В
21	А	Б	В
22	А	Б	В
23	А	Б	В
24	А	Б	В
25	А	Б	В

Проверьте по контрольной матрице на странице 137, правильно ли вы выполнили тест.

За каждое задание, которое вы правильно выполнили, вы получаете 6 баллов. Вы успешно прошли тест, если набрали 99 баллов и более. Если вы получили менее 99 баллов, советуем вам выполнить эту часть теста ещё раз.

Субтест 3. АУДИРОВАНИЕ

Инструкция к выполнению теста

Время выполнения теста (35–40 минут) определяется временем звучания предъявляемых аудио- и видеоматериалов и временем выполнения заданий.

Тест включает 25 заданий.

Перед прослушиванием каждой части вы получаете задания к ней и инструкцию в письменном виде. Выберите вариант ответа и отметьте его в матрице. Например:

А ⒝ В (Б — правильный вариант).

Если вы ошиблись и хотите исправить ошибку, сделайте так:

⊗ ⒝ В (А — ошибка, Б — правильный вариант).

Количество предъявлений: 1.

Пользоваться словарём не разрешается.

Инструкция к выполнению заданий 1–5

Задания 1–5 выполняются после прослушивания начальных реплик диалога.

Время выполнения заданий: **до 5 мин.**

Задания 1–5. Прослушайте начальные реплики диалога двух людей при их встрече и выберите вариант ответа к каждому из заданий.

1. Собеседники … .
   (А) договорились о встрече
   (Б) встретились случайно
   (В) давно не виделись

2. Говорящего работа транспорта … .
   (А) радует
   (Б) возмущает
   (В) огорчает

3. Участники разговора говорят о статье, которая … .
   (А) окончательно готова
   (Б) скоро будет написана
   (В) ещё долго будет в работе

4. После предыдущей встречи говорящая … .
   (А) оставила статью без изменений
   (Б) внесла некоторые изменения
   (В) полностью переработала статью

5. Речь говорящих можно охарактеризовать как … .
   (А) нейтральную
   (Б) официально-деловую
   (В) содержащую элементы просторечия

Инструкция к выполнению заданий 6–10

Задания 6–10 выполняются после прослушивания рекламной информации.
Время выполнения заданий: **до 5 мин.**

Задания 6–10. Прослушайте рекламную информацию и выберите вариант ответа к каждому из заданий.

6. Экскурсии проводят … .
   (А) только профессиональные гиды
   (Б) специалисты по истории Москвы
   (В) любители и знатоки Москвы

7. «МоскваХод» — это … .
   (А) самое первое агентство пешеходных прогулок
   (Б) одно из старых экскурсионных агентств
   (В) агентство, работающее на рынке недавно

8. Если вы не смогли прийти на экскурсию, вы можете … .
   (А) поменять купленный билет
   (Б) пойти на ту же экскурсию через неделю
   (В) выбрать любую другую экскурсию

9. Чтобы попасть на экскурсию, нужно … .
   (А) записаться по телефону
   (Б) заранее оплатить экскурсию
   (В) вовремя прийти в нужное место

10. Экскурсия стоит 250 рублей для … .
    (А) школьников
    (Б) студентов
    (В) пенсионеров

Инструкция к выполнению заданий 11–15

Задания 11–15 выполняются после просмотра видеозаписи. Время выполнения заданий: **до 6 мин.**

Задания 11–15. Посмотрите фрагмент видеозаписи кинофильма «Афинские вечера» (1999, реж. П. Гладилин, GOLD VISION (2-В), «Мосфильм») и выберите вариант ответа к каждому из заданий.

11. Из разговора отца с дочерью можно понять, что отец … .
    (А) высоко ценит талант друга дочери
    (Б) в курсе личной жизни друга дочери
    (В) мало что знает о друге дочери

12. Говоря о приходившем друге, дочь … .
    (А) согласна с оценкой отца
    (Б) уходит от высказывания своего мнения
    (В) укоряет отца в недостойном поведении

13. По мнению отца, жизнь обычных людей … .
    (А) разнообразна и интересна
    (Б) полна страданий
    (В) наполнена высоким смыслом

14. В отношениях с дочерью отец ... .
    (А) старается быть демократичным
    (Б) стремится навязать свою волю
    (В) демонстрирует полное неуважение

15. В ходе разговора с отцом дочь ... .
    (А) проявляет к нему искреннее уважение
    (Б) отстаивает свою точку зрения
    (В) старается быстрее закончить беседу

Инструкция к выполнению заданий 16–20

Задания 16–20 выполняются после прослушивания аудиозаписи новостей.
Время выполнения заданий: **до 6 мин.**

Задания 16–20. Прослушайте аудиозапись новостей и выберите вариант ответа к каждому из заданий.

16. В программе «Лучшие социальные проекты России» участвуют ... .
    (А) российские и зарубежные компании
    (Б) российские благотворительные фонды
    (В) государственные и частные организации

17. В настоящее время аудиокниги появляются ... .
    (А) одновременно с другими версиями
    (Б) опережают выход бумажных книг
    (В) выходят после электронных версий

18. Дополнительное образование для школьников даёт возможность ... .
    (А) поступить в хороший университет
    (Б) познакомиться с популярными музеями и театрами
    (В) правильно выбрать будущую профессию

19. Акция по сбору крышек от бутылок в том числе позволяет решить ... .

    А) социальные проблемы

    Б) финансовые проблемы

    В) проблему занятости детей

20. Целью проекта «Пилим по России» является ... .

    (А) реклама российских предприятий

    (Б) помощь начинающим предпринимателям

    (В) привлечение инвестиций в экономику

Инструкция к выполнению заданий 21–25

Задания 21–25 выполняются после просмотра видеозаписи интервью.

Время выполнения заданий: **до 6 мин.**

Задания 21–25. Посмотрите фрагмент видеозаписи интервью с известным российским музыкантом Андреем Макаревичем. Выберите вариант ответа к каждому из заданий (телеканал «Культура», передача «Ночной полёт» 8 мая 2014 г., ведущий — Андрей Максимов)

21. В беседе с журналистом А. Макаревич признаёт-
ся, что рисует, потому что ... .

    (А) не может что-то выразить словами

    (Б) это помогает ему отвлечься

    (В) получает от этого удовольствие

22. В ходе разговора с Макаревичем журналист говорит, что он ... .

    (А) не представляет, как рождаются песни

    (Б) не понимает, как появляются картины

    (В) не понимает природы творчества

23. Для того чтобы начать рисовать, А. Макаревичу необходимо ... .

    . (А) иметь свободное время

    (Б) подходящее настроение

    (В) владеть хорошей мастерской

24. Журналист предполагает, что для А. Макаревича главное — это ... .

    (А) стремление к новым достижениям

    (Б) интерес к творчеству

    (В) желание прославиться

25. Задавая вопросы, журналист пытается ... Андрея Макаревича.

    (А) понять сам и показать слушателям личность

    (Б) продемонстрировать широту увлечений

    (В) показать непоследовательность в поступках

РАБОЧАЯ МАТРИЦА

Максимальное количество баллов за тест — 150

1	А	Б	В
2	А	Б	В
3	А	Б	В
4	А	Б	В
5	А	Б	В
6	А	Б	В
7	А	Б	В
8	А	Б	В
9	А	Б	В
10	А	Б	В
11	А	Б	В
12	А	Б	В
13	А	Б	В
14	А	Б	В
15	А	Б	В
16	А	Б	В
17	А	Б	В
18	А	Б	В
19	А	Б	В
20	А	Б	В
21	А	Б	В
22	А	Б	В
23	А	Б	В
24	А	Б	В
25	А	Б	В

Проверьте по контрольной матрице на странице 138, правильно ли вы выполнили тест.

За каждое задание, которое вы правильно выполнили, вы получаете 6 баллов. Вы успешно прошли тест, если набрали 99 баллов и более. Если вы получили менее 99 баллов, советуем вам выполнить эту часть теста ещё раз.

Звучащие материалы
к субтесту «Аудирование»

Задания 1–5.

— Привет! Ну, наконец-то!

— Здравствуй. Ой, извини, ради бога, но ты же знаешь, как работает наш транспорт... Вот, смотри, то, что мы начали на прошлой неделе. Я дома кое-что изменила. Сейчас ещё немного посидим, поработаем, и будет хорошая статья.

Задания 6–10.

Прогуляйтесь по улицам Москвы с «МоскваХодом»!

Общество пеших прогулок «МоскваХод» — старейшее агентство, которое проводит пешеходные экскурсии по Москве. Гиды «МоскваХода» — люди разных профессий, влюблённые в Москву. Каждая наша экскурсия раскрывает богатство истории, культуры и архитектуры Москвы.

Вам не нужно ничего заранее бронировать, тем более платить деньги. Всё, что нужно, — это прийти в указанное время и место, встретиться с гидом и оплатить экскурсию. А если ваши планы поменялись, вы ничего не теряете. Ведь прогулка повторится на следующей неделе в то же самое время.

Стоимость экскурсий невысока — 350 рублей, а ещё предоставляются скидки пенсионерам, студентам, детям до 18 лет.

Вам надо выбрать в расписании интересную для вас прогулку по городу. Обычно она длится 2–2,5 часа.

Льготная стоимость экскурсии — 300 руб.:

— для обладателей дисконтной карты «МоскваХод»;

— для студентов;

— для пенсионеров.

Для детей до 18 лет — 250 руб.

Приходите на наши экскурсии по Москве!

II сертификационный уровень. Общее владение. Вариант II

Задания 11–15.

Отец: Иди... Наташа! Наташа... Иди сюда... Тебе не надо с ним дружить.

Наташа: Мы не дружим. Мы просто товарищи. Он принёс мне ноты, вот и всё.

Отец: И всё?

Наташа: И всё.

Отец: Хм... Значит, товарищи?

Наташа: Да, товарищи.

Отец: Я тебя прошу... Нет, я тебя заклинаю: больше никогда не проси у него ноты!

Наташа: Почему я не могу попросить ноты у своего товарища?

Отец: Потому что он уже два раза был женат! Он прожжённый тип!

Наташа: Ну, во-первых, не два раза, а только один...

Отец: Полтора...

Наташа: Неправда. У него не было романа с Плотниковой. И вообще, пап, как тебе не стыдно! Ты собираешь сплетни!

Отец: С мальчиками можешь дружить, а от жеребцов держись подальше.

Наташа: Да мы не дружим, мы просто хорошие знакомые.

Отец: Ну хорошо... Наташа, Наташа... Сядь! Так всё-таки вы знакомые или товарищи?

Наташа: Просто хорошие знакомые.

Отец: Ну, композитор он многообещающий. Божья искра в него попала, но человек, должен тебе заметить, посредственный. Хотя, если положить руку на сердце, какой он, к чёрту, композитор?! Так, ширпотреб! Музыка для кино! Хорошо, хорошо, хорошо, хорошо... И прошу тебя, не приходи домой позже одиннадцати. Мы очень волнуемся, особенно мама. Вот вчера мы прождали тебя до двенадцати часов, потом до трёх не спали. В общем, чтобы это было в последний раз.

Наташа: Пап...

Отец: Мальчики пусть приходят, когда мы с мамой дома.

Наташа: Пап, мне уже восемнадцать лет.

Отец: Исполнилось позавчера. Наташка, девочка, ты совсем ещё ребёнок!

Наташа: Хорошо, папа, хорошо, я ребёнок. Можно я пойду?

Отец: Иди... А ну-ка сядь! Наташа, Наташа! У тебя есть единственное спасение от мерзости жизни! Это музыка. Сейчас, сейчас, сейчас, сейчас я тебе всё объясню! Изгоняя из рая Адама и Еву, Господь сказал: «Будете жить в страданиях! И в муках добывать хлеб насущный!» Вот поэтому на Земле и нет счастливых! И только искусство! Только музыка! Вот всё, что осталось у человечества от потерянного рая! У тебя есть талант! Ты станешь выдающейся пианисткой! Господь наделяет талантами только тех, кто достоин другой юдоли! Более счастливой судьбы. И не несёт на себе первородного греха. Ну скажи, ну скажи, девочка, ну разве не глупо в твоём возрасте променять рай на ад и потом всю оставшуюся жизнь гореть в геенне огненной? Наташка! У тебя есть талант! Господь при рождении поцеловал тебя! Я прошу тебя, я прошу тебя, девочка, будь принципиальной! Ну...

Наташа: Хорошо, я буду принципиальной...

Отец: А это что?

Наташа: Билеты в консерваторию.

Отец: На когда?

Наташа: На пятое.

Отец: На кого?

Наташа: Рахманинов, второй концерт.

Отец: Прекрасно. А кто исполняет?

Наташа: Борщевский.

Отец: Кто-кто?

Наташа: Борщевский.

Отец: Тебе не надо этого слушать.

Наташа: Почему?

Отец: Это дурновкусица.

Наташа: Но мне нравится.

Отец: Да? Ради собственного самовыражения коверкает гениев! Я бы за такое исполнение Рахманинова ему руки пообрывал!

Наташа: Не знаю, мне нравится. По-моему, очень своеобразно.

Задания 16–20.

16. Более 200 компаний направили свои заявки для участия в программе «Лучшие социальные проекты России» в 14 категориях, среди которых благотворительность, образование, наука и спорт, медико-социальные проекты, экологические проекты и другие. В ежегодной программе «Лучшие социальные проекты России» участвуют представители государства и бизнеса. Программа позволяет всем структурам обмениваться опытом реализации социальных проектов.

17. За последний год в России на 100 процентов вырос рынок аудиокниг. По прогнозу специалистов, объём его продаж достигнет 750 млн рублей. Если годом раньше аудиокниги появлялись спустя несколько месяцев после выхода электронного варианта, то сейчас аудиозаписи новых книг выходят практически в тот же день. Эксперты полагают, что аудиокнига станет самостоятельным форматом, когда книга сначала будет прочитана вслух, а уже потом будет опубликована в электронном или печатном формате.

18. В новом учебном году в России увеличилось число образовательных учреждений дополнительного образования. Кружки и курсы проводят не только школы, но и предприятия, вузы, музеи, театры. Одним из основных направлений дополнительного образования стала профессиональная ориентация школьников. Особенно популярны детские технопарки, где школьники изучают современные специальности, знакомятся с новыми технологиями, востребованными профессиями. В учебных кабинетах используется современная техника.

19. В России стартовала акция по сбору крышек от пластиковых бутылок «Добрые крышечки». «Добрые крышечки» — благотворительная акция. Организаторы акции устраивают сбор крышек, а деньги, вырученные от сдачи этого сырья, передают на благотворительные нужды.

Жители городов могут:
- принести собранные крышки в один из пунктов приёма;
- организовать в городе свой мини-пункт приёма.

Главными участниками проекта должны стать дети, то есть сбор крышек не только решает экологические проблемы, но и объединяет разные возрастные группы.

20. Стартовал проект «Пилим по России». Его ведущий Антон Гришин ездит по городам России и знакомится с людьми, уже достигшими успеха в своей области. Цель проекта — объединить состоявшихся предпринимателей с теми людьми, кто хочет открыть своё дело. Здесь всё нацелено на результат.

Герои выпусков делятся опытом и умениями, а главное, делают реальные предложения о сотрудничестве! Всё это поможет потратить минимум денег и быстрее достичь успеха. Каждый может начать своё дело, стоит только правильно задействовать все ресурсы!

Задания 21–25.

Журналист: Вы когда-нибудь задавали себе вопрос: что такое, какую часть своей то ли философии, то ли души, то ли чего-то, то ли мысли вы не можете выразить в песнях и поэтому надо рисовать?

Макаревич: Я никогда на эту тему не думал.

Журналист: А почему вы вдруг рисуете?

Макаревич: А потому что я испытываю потребность в этом. Я начинаю, меня это страшно увлекает, и я забываю про время... И я получаю огромное наслаждение от процесса.

Журналист: Но это же уводит вас от написания песен...

Макаревич: Нет. Это было бы наивно думать, что, если бы я больше ничем не занимался, я бы вот сидел и писал песни с утра до вечера. Я бы, наверное, много ерунды написал. Песни пишутся вот ровно столько и тогда, когда они пишутся. Они сами находят время для того, чтобы написаться.

Журналист: Вы сейчас пишете песни?

Макаревич: Да.

Журналист: Скажите, вот когда... Как человек пишет песни, я не буду спрашивать, потому что это совершенно непонятно... Как человек живописует, так теоретически, мне кажется, понятно. Для того чтобы живописать, нужно иметь холст, нужно иметь какие-то вещи. Это когда происходит? Просто это как досуг или как что?

Макаревич: Ну нет, это никак не досуг, наверно, а... Причём сейчас гораздо легче, потому что я наконец переехал в дом, где удалось сделать мастерскую достаточно большую.

Журналист: Так у вас не только ..., но ещё и мастерская есть.

Макаревич: А невозможно рисовать. Можно рисовать на блокнотике, на коленях, но это будут вот такие картинки. Дальше тебе нужен, как минимум, большой рабочий стол, место для красок, место, где можно замочить там бумагу или холст, и всякое прочее. Это всё средства производства, орудия.

Журналист: И вы ходите туда как на работу?

Макаревич: Нет, мне нужно, чтобы я знал, что у меня полдня свободных, что меня никто не будет дёргать, что не будет звонить телефон с какими-нибудь глупостями.

Журналист: Так бывает?

Макаревич: Очень редко. И вот я пришёл туда и вижу, что лежит замечательная бумага, фактурная какая-то. Она сама уже тебе предлагает что-то на ней нарисовать. И вот когда всё под рукой, то процесс идёт легко и замечательно. А если вдруг окажется, что не можешь найти ножа, чтоб лист разрезать пополам, всё может сломаться к чёртовой матери.

Журналист: Скажите, правильно ли я понимаю, что вас по жизни ведёт интерес? Вот если вам интересно, скажем, заниматься подводным там плаванием, вы этим занимаетесь.

Макаревич: Абсолютно.

Журналист: Ничего другого не ведёт — ни корысть, ни стремление заработать деньги, ни стремление к славе — ничего этого нет?

Макаревич: Нет.

Журналист: И так было всегда? Когда вы были ещё не знамениты?

Макаревич: Абсолютно.

Журналист: Вы делали то, что интересно.

Макаревич: Конечно.

Журналист: Это счастье.

Макаревич: Большое.

Субтест 4. ПИСЬМО¹

Инструкция к выполнению теста

Время выполнения теста — 55 мин.
Тест состоит из 3 заданий.
При выполнении теста разрешается пользоваться толковым словарём русского языка.

Инструкция к выполнению задания 1

Ваша задача — на основе прочитанных текстов написать **письмо рекомендательного характера**.
Объём печатного текста: до 180 слов.
Время выполнения задания: **до 20 мин.**
Объем текста: 50–70 слов.

Задание 1. Сын ваших знакомых окончил школу и хочет получить высшее образование. Он никак не может решить, в каком вузе лучше учиться. На основе предложенной информации порекомендуйте учебное заведение, которое, по вашему мнению, лучше всего ему подойдёт.

Ваше письмо должно содержать информацию, достаточную для принятия решения.

Московский институт управления (МИУ)

осуществляет подготовку высококвалифицированных специалистов в области управления, способных эффективно работать в структурах государственной власти, в банках, на международном торговом рынке.
Все формы обучения, группы выходного дня.
Просп. Мира, д. 95.
Телефоны: +7(495) 377-89-14, +7(495) 371-21-74.

---

¹ Образцы выполнения заданий 1 и 3 можно посмотреть на с. 141–142.

Московский государственный университет имени М.В. Ломоносова (МГУ)

38 факультетов. Лидирующие позиции в рейтингах российских вузов.

Подготовительные курсы, общежитие.

Магистратура, аспирантура.

Отсрочка от армии.

Выпускники университета работают в вузах, исследовательских институтах, правительственных учреждениях, банках, финансовых фирмах.

Сотрудничает с зарубежными фирмами многих стран.

Контактная информация: +7(495) 939-10-00.

Московская высшая школа бизнеса (институт)

Интенсивная подготовка учащихся к поступлению в институт.

Высшее и второе высшее образование.

Специальности: финансы и кредит, управление народным хозяйством, бухгалтерский учёт, анализ и аудит.

Доступная стоимость обучения, качественная подготовка специалистов на основе государственных стандартов.

Наш главный корпус — на ул. Кржижановского, 15.

См. сайт: mnui.ru

Московский государственный технический университет имени Н.Э. Баумана

Бакалавриат, магистратура, специалитет.

Образовательная деятельность по собственным стандартам. Возможность обучения за рубежом.

Получение фундаментального образования с погружением в реальные инженерные и конструкторские процессы.

Помощь в трудоустройстве выпускников.

www.bmstu.ru

> ## Московский государственный лингвистический университет (МГЛУ)
>
> Подготовка лингвистов-переводчиков, свободно владеющих двумя иностранными языками, для работы в области международного сотрудничества.
>
> Бакалавриат, специалитет, магистратура, зарубежные стажировки для студентов старших курсов, Центр довузовской подготовки.
>
> В университете преподается 36 иностранных языков, работают центры языков и культуры стран изучаемых языков.
>
> Художественные коллективы, спортивные секции для студентов.
>
> Единый call-центр: +7(495) 637-55-97.

Инструкция к выполнению задания 2

Вам предлагается ситуация, относящаяся к социально-деловой сфере общения.

Ваша задача — написать текст **официально-делового характера** в соответствии с представленной ситуацией и предложенным заданием.

Время выполнения задания: **15 мин.**

Объём текста: 50–70 слов.

Задание 2. Вы не смогли вовремя приехать на работу. Напишите объяснительную записку на имя руководителя вашей организации о причине вашего опоздания.

Инструкция к выполнению задания 3

Вам предлагается ситуация, относящаяся к социально-бытовой сфере общения.

Ваша задача — **написать формальное письмо** в соответствии с представленной ситуацией и предложенным заданием.

Время выполнения задания: **20 мин.**

Объём текста: 100–150 слов.

Задание 3. Ваш друг ищет работу. Обратитесь к своему знакомому — директору крупной компании с просьбой помочь вашему другу в трудоустройстве.

В неформальном письме вы должны охарактеризовать этого человека, а именно:

• **его личностные (внутренние) качества;**

• **деловые и профессиональные качества;**

• **факты и события из его жизни, которые привлекли ваше внимание;**

• **расскажите об обстоятельствах вашего знакомства, а также оцените, обладает ли этот человек всеми качествами, необходимыми для работы в крупной фирме.**

Субтест 5. ГОВОРЕНИЕ[1]

Советуем вам готовиться к выполнению этой части теста, записывая свои реплики на диктофон. После окончания теста прослушайте запись. Во время тестирования на получение Сертификата всё, что вы будете говорить, будет записываться.

При выполнении заданий 1, 2 (позиции 1–8) старайтесь не читать текст заданий, а слушать звучащие материалы. Если вам трудно, прочитайте тексты заданий на странице 138, а затем прослушайте аудиоматериалы ещё раз.

При выполнении заданий 4, 5 (позиции 13–14) постарайтесь не выходить за временны́е рамки, указанные в инструкциях.

Если вам трудно самостоятельно оценить, насколько успешно вы выполнили этот тест, обратитесь за консультацией в Центр тестирования.

Инструкция к выполнению теста

Время выполнения теста: до 60 мин.

Тест состоит из 3 частей, включающих 6 заданий (15 позиций).

Все ваши высказывания записываются.

Пользоваться словарём не разрешается.

ЧАСТЬ I

Инструкция к выполнению задания 1

Ваша задача — **поддержать диалог** в соответствии с заданием.

Задание выполняется без подготовки.

Время выполнения задания: **до 1,5 мин.**

Количество предъявлений: 1.

Пауза для ответа: 15 сек.

---

[1] Образцы выполнения заданий 1 (позиции 1–4), 2 (позиции 5–8) и 4 (позиция 13) можно посмотреть на с. 145–146.

Задание 1 (позиции 1–4). Представьте себе, что вы с другом (подругой) побывали в недавно открывшемся магазине. И вам, и вашему другу (подруге) магазин понравился. Ответьте ему (ей), используя синонимичные оценочные слова.

Инструкция к выполнению задания 2

Ваша задача — **ответить на реплики** собеседника в соответствии с заданной ситуацией и указанным намерением.

Задание выполняется без подготовки.

Время выполнения задания: **до 1,5 мин.**

Количество предъявлений: 1.

Пауза для ответа: 15 сек.

Задание 2 (позиции 5–8). Вы разговариваете с коллегой, который знает, над каким проектом Вы работаете. Отреагируйте на его реплики, выражая заданное намерение.

Инструкция к выполнению задания 3

Вам будут предъявлены 4 реплики в письменном виде.

Ваша задача — **воспроизвести реплики** с интонацией, соответствующей намерению, которое предлагается собеседником.

Задание выполняется без подготовки.

Время выполнения задания: **до 1,5 мин.**

Задание 3 (позиции 9–12). Воспроизведите реплики с интонацией, соответствующей заданным намерениям.

9. — ... .
    — Эта работа должна быть выполнена как можно быстрее!

10. — ... .
    — И почему мы раньше так редко встречались?

11. — ... .

— И где он взял столько денег?

12. — ... .

— Ребята, давайте встретимся не в субботу, а в пятницу!

ЧАСТЬ II

Инструкция к выполнению задания 4

Задание 4 (позиция 13) выполняется после просмотра видео-сюжета.

Ваша задача — составить **подробный** рассказ об увиденном в соответствии с предложенным заданием.

Количество предъявлений: 1.

Время на подготовку: 10 мин.

Время выполнения задания: **до 5 мин.**

Задание 4 (позиция 13). Просмотрев фрагмент фильма «Мой парень — ангел» (2011, реж. В. Сторожева, «Парадиз», «СВ-Аурум»), расскажите об увиденном друзьям. Ваш рассказ должен включать описание:

а) ситуации;

б) действующих лиц,

а также объяснение, почему, по вашему мнению, возникла такая ситуация.

Инструкция к выполнению задания 5

Вы инициатор диалога. Ваша задача — подробно **расспросить** своего собеседника в соответствии с предложенным заданием.

Время на подготовку: 3 мин.

Время выполнения задания: **до 5 мин.**

Задание 5 (позиция 14). Вы прочитали в газете объявление:

Школа современного искусства «СВОБОДНЫЕ МАСТЕРСКИЕ» объявляет набор на обучение в новом учебном году.

Мы предлагаем:
• уникальную возможность изучать теоретические и практические аспекты современного искусства;
• знакомство с актуальными тенденциями мирового искусства.

В конце обучения школа выдаёт сертификат собственного образца.

Для поступления в школу необходимо зарегистрироваться на сайте и пройти собеседование.

Наш адрес: freework@mmoma.ru

Это объявление вас заинтересовало. «Позвоните» по указанному телефону и расспросите обо всём как можно более подробно, чтобы решить, стоит ли вам обращаться в эту школу.

При выполнении данного задания вам нужно:
• **поздороваться, представиться;**
• **объяснить цель вашего звонка;**
• **запросить дополнительную информацию (например, о времени работы школы, необходимых документах и т.д.);**
• **уточнить информацию, представленную в объявлении (например, правильно ли вы поняли, что могут приходить люди любого возраста);**
• **поблагодарить собеседника и попрощаться.**

ЧАСТЬ III

Инструкция к выполнению задания 6

Вы должны принять участие в **обсуждении** определённой **проблемы**.

Ваш собеседник — тестирующий.

Ваша задача — в процессе беседы высказать и отстоять свою точку зрения по предложенному вопросу, адекватно реагируя на реплики тестирующего.

Задание выполняется без подготовки.

Время выполнения задания: **до 10 мин.**

Задание 6 (позиция 15)[1]. Примите участие в беседе на тему, предложенную тестирующим.

В процессе обсуждения вы должны:
- **высказать и уточнить своё мнение;**
- **обосновать мнение;**
- **привести примеры;**
- **привести сравнение;**
- **высказать предположение;**
- **сформулировать вывод.**

---

[1] Обратите внимание на то, что при оценивании вашего ответа будет учитываться, как Вы умеете: высказывать своё мнение, уточнять и разъяснять его; сообщать необходимую информацию; выражать оценочное суждение.

Звучащие материалы
к субтесту «Говорение»

Задание 1 (позиции 1–4).

1. — Магазин **просто замечательный**!
   — ... .
2. — И выбор продуктов **такой большой**.
   — ... .
3. — А продавцы **какие внимательные**!
   — ... .
4. — И цены **вполне нормальные**.
   — ... .

Задание 2 (позиции 5–8).

5. Выразите сожаление:
   — Ну что? Директор одобрил вчера ваши предложения?
6. Выразите несогласие:
   — Неудивительно, ведь вы же так мало над ними работали.
7. Выразите безразличие:
   — Теперь вам могут и премию не дать.
8. Вы затрудняетесь с ответом:
   — И что же вы будете делать с этим проектом?

Задание 3 (позиции 9–12).

9. Вы настаиваете: ... .
10. Выразите сожаление: ... .
11. Вы не понимаете: ... .
12. Вы предлагаете: ... .

КОНТРОЛЬНЫЕ МАТРИЦЫ

Субтест 1. ЛЕКСИКА. ГРАММАТИКА

1	А	**Б**	В	Г	26	А	Б	В	**Г**
2	А	Б	**В**	Г	27	А	Б	**В**	Г
3	**А**	Б	В	Г	28	**А**	Б	В	Г
4	**А**	Б	В	Г	29	**А**	**Б**	В	Г
5	А	**Б**	В	Г	30	**А**	Б	В	Г
6	А	**Б**	В	Г	31	А	Б	**В**	Г
7	А	Б	**В**	Г	32	А	Б	В	**Г**
8	А	Б	В	**Г**	33	А	Б	В	**Г**
9	А	Б	В	**Г**	34	А	**Б**	В	Г
10	А	Б	**В**	Г	35	А	Б	**В**	Г
11	А	Б	В	**Г**	36	А	**Б**	В	Г
12	А	Б	**В**	Г	37	**А**	Б	В	Г
13	А	**Б**	В	Г	38	А	Б	**В**	Г
14	А	**Б**	В	Г	39	**А**	Б	В	Г
15	**А**	Б	В	Г	40	А	Б	**В**	Г
16	А	**Б**	В	Г	41	А	Б	В	**Г**
17	**А**	Б	В	Г	42	А	**Б**	В	Г
18	**А**	Б	В	**Г**	43	А	Б	**В**	Г
19	**А**	Б	В	Г	44	А	Б	В	**Г**
20	А	Б	В	**Г**	45	**А**	Б	В	Г
21	А	Б	**В**	Г	46	А	Б	В	**Г**
22	А	Б	**В**	Г	47	А	Б	**В**	Г
23	**А**	Б	В	Г	48	**А**	Б	В	Г
24	**А**	Б	В	Г	49	А	**Б**	В	Г
25	А	**Б**	В	Г	50	А	Б	В	**Г**

51	А	Б	**В**	Г
52	А	**Б**	В	Г
53	**А**	Б	В	Г
54	**А**	Б	В	Г
55	А	Б	В	**Г**
56	А	Б	**В**	Г
57	А	Б	В	**Г**
58	**А**	Б	В	Г
59	**А**	Б	В	Г
60	А	**Б**	В	Г
61	А	Б	В	**Г**
62	А	Б	**В**	Г
63	А	Б	В	**Г**
64	А	Б	В	**Г**
65	**А**	Б	В	Г
66	А	**Б**	В	Г
67	А	Б	В	**Г**
68	А	**Б**	В	Г
69	А	Б	В	**Г**
70	А	Б	**В**	Г
71	А	**Б**	В	Г
72	А	Б	**В**	Г
73	**А**	Б	В	Г
74	**А**	Б	В	Г
75	А	Б	**В**	Г

76	А	Б	**В**	Г
77	А	Б	В	**Г**
78	А	Б	В	**Г**
79	А	Б	**В**	Г
80	А	**Б**	В	Г
81	А	Б	В	**Г**
82	**А**	Б		
83	**А**	Б		
84	А	**Б**		
85	**А**	Б		
86	А	**Б**		
87	А	**Б**		
88	**А**	Б		
89	**А**	Б		
90	А	**Б**		
91	А	**Б**		
92	**А**	Б		
93	А	**Б**		
94	А	Б	В	**Г**
95	А	**Б**	В	Г
96	А	Б	В	**Г**
97	А	Б	**В**	Г
98	**А**	Б	В	Г
99	А	**Б**	В	Г
100	А	Б	В	**Г**

№	А	Б	В	Г
101	А	Б	В	**Г**
102	**А**	Б	В	Г
103	А	Б	В	**Г**
104	А	**Б**	В	Г
105	А	**Б**	В	Г
106	А	Б	**В**	Г
107	А	Б	В	**Г**
108	А	Б	**В**	Г
109	**А**	Б	В	Г
110	**А**	Б	В	Г
111	А	Б	**В**	Г
112	А	Б	В	**Г**
113	А	Б	В	**Г**
114	А	**Б**	В	Г
115	**А**	Б	В	Г
116	А	Б	**В**	Г
117	**А**	Б	В	Г
118	А	Б	**В**	Г
119	А	Б	В	**Г**
120	А	Б	В	**Г**
121	А	**Б**	В	Г
122	А	**Б**	В	Г
123	А	Б	**В**	Г
124	А	**Б**	В	Г
125	**А**	Б	В	Г

№	А	Б	В	Г
126	**А**	Б	В	Г
127	А	Б	**В**	Г
128	**А**	Б	В	Г
129	А	Б	**В**	Г
130	**А**	Б	В	Г
131	А	Б	В	**Г**
132	А	Б	В	**Г**
133	**А**	Б	В	Г
134	**А**	Б	В	Г
135	А	**Б**	В	Г
136	А	**Б**	В	Г
137	А	Б	**В**	Г
138	**А**	Б	В	Г
139	А	Б	В	**Г**
140	**А**	Б	В	Г
141	А	Б	В	**Г**
142	А	Б	**В**	Г
143	А	Б	**В**	Г
144	**А**	Б	В	Г
145	А	**Б**	В	Г
146	А	**Б**	В	Г
147	А	Б	В	**Г**
148	**А**	Б	В	Г
149	А	Б	**В**	Г
150	**А**	Б	В	Г

Субтест 2. ЧТЕНИЕ

1	А	Б	**В**
2	**А**	Б	В
3	А	**Б**	В
4	А	**Б**	В
5	**А**	Б	В
6	А	**Б**	В
7	**А**	Б	В
8	А	**Б**	В
9	А	**Б**	В
10	А	Б	**В**
11	А	Б	**В**
12	**А**	Б	В
13	**А**	Б	В
14	А	Б	**В**
15	А	**Б**	В
16	А	Б	**В**
17	А	**Б**	В
18	**А**	Б	В
19	А	**Б**	В
20	**А**	Б	В
21	А	Б	**В**
22	А	Б	**В**
23	**А**	Б	В
24	А	Б	**В**
25	А	**Б**	В

Субтест 3. АУДИРОВАНИЕ

1	**А**	Б	В
2	А	Б	**В**
3	А	**Б**	В
4	А	**Б**	В
5	**А**	Б	В
6	А	Б	**В**
7	**А**	Б	В
8	А	**Б**	В
9	А	Б	**В**
10	**А**	Б	В
11	А	**Б**	В
12	А	Б	**В**
13	А	**Б**	В
14	А	**Б**	В
15	А	**Б**	В
16	А	Б	**В**
17	**А**	Б	В
18	А	Б	**В**
19	**А**	Б	В
20	А	**Б**	В
21	А	Б	**В**
22	**А**	Б	В
23	А	Б	**В**
24	А	**Б**	В
25	**А**	Б	В

ПРИЛОЖЕНИЕ

ОБРАЗЦЫ ВЫПОЛНЕНИЯ ЗАДАНИЙ СУБТЕСТА «ПИСЬМО»

ВАРИАНТ I

Образец выполнения задания 1

Привет, Антон!

Слышал, что вы собираетесь в какой-нибудь подмосковный пансионат. Советую «Университетский», я была там весной, мне очень понравилось. Есть бассейн, тренажёры, баня, сауна. Можно позаниматься спортом и хорошо отдохнуть — природа там замечательная. Гуляй, сколько хочешь! Можно поехать на какую-нибудь экскурсию, там вокруг много интересного.

У них неплохая столовая. Цены нормальные.

И это пансионат МГУ, поэтому люди вокруг будут интересные.

Сайт «Университетского» есть в Интернете. Поезжайте, не пожалеете!

Удачи!

Марина

Образец выполнения задания 2

Директору фабрики «Зенит»
Иванову И.И.
от сотрудника Петровой А.А.

БЛАГОДАРНОСТЬ

Примите мою искреннюю благодарность (Хочу выразить искреннюю благодарность) за организацию поездки 25 октября в город Ростов на выставку старинной русской одежды. Всё было организовано очень хорошо.

Выставка была очень интересной, а наш экскурсовод Александр Сидоров — настоящий профессионал. Благодаря этой поездке я узнала много нового о русской одежде 17–18 веков. Я с удовольствием приму участие в других экскурсиях, которые организует наша фабрика.

27.10.18.   Петрова А.А.

ВАРИАНТ II

Образец выполнения задания 1

Привет, Андрей!
Ты говорил, что Саша не знает, какой вуз выбрать. Я бы рекомендовал университет имени Баумана, я сам там учился. Саша увлекается машинами. Здесь он сможет стать хорошим инженером. У них есть магистратура, можно даже учиться за границей. Университет даёт фундаментальное образование по своим стандартам. И ещё: они предлагают помощь в трудоустройстве. Согласись, сейчас это очень важно, ведь так трудно найти хорошую работу!
Надеюсь, мой совет поможет. Удачи!

Иван

Образец выполнения задания 3

Здравствуй, Максим!
Ты пишешь, что открыл курсы русского языка и тебе нужен заместитель. Постараюсь помочь.
У меня есть один знакомый. Его зовут Александр. Он мой ровесник, мы вместе учились в университете. Тогда он был весёлым, с хорошим чувством юмора, нормально учился, у него не было проблем. Потом в МГУ мы преподавали русский язык иностранцам. Студенты любили его, а коллеги уважали. Он был хорошим, серьёзным преподавателем, организовывал конференции и сам выступал на них, был редактором нашего научного журнала. Как видишь, у него есть организаторские способности и опыт работы.

Через несколько лет Александр уехал в Японию и преподавал там в университете. Сейчас он вернулся и ищет работу. У него отличный английский, и он неплохо говорит по-японски. Думаю, он тебе подойдёт. Это надёжный человек, на него можно положиться. Если ты не против, я дам ему твой телефон, и вы договоритесь о встрече. Надеюсь, это тот человек, которого ты ищешь.

Позвони мне. До встречи!

Виктор

ОБРАЗЦЫ ВЫПОЛНЕНИЯ ЗАДАНИЙ СУБТЕСТА «ГОВОРЕНИЕ»

ВАРИАНТ I

Образец выполнения задания 1 (позиции 1–4)

1. (Реплика тестирующего: «Какой **замечательный** был вчера концерт!»)

— Нет, я считаю, концерт был **неинтересным**.

2. (Реплика тестирующего: «Выступали самые **популярные** артисты».)

— Какие же они популярные, **никто их и не знает**!

3. (Реплика тестирующего: «А романсы исполняла **удивительно** красивая певица».)

— Да что ты, **самая обычная** внешность, не такая уж и красивая.

4. (Реплика тестирующего: «И публика была такая **активная**...»)

— Вот уж нет, **зрителям было скучно**.

Образец выполнения задания 2 (позиции 5–8)

5. Выразите сочувствие:

(Реплика тестирующего: «Кажется, я заболела».)

— Ой, как жаль... Это так неприятно, я тебе сочувствую...

6. Выразите неудовольствие:

(Реплика тестирующего: «Извини, не смогу пойти с тобой на премьеру спектакля».)

— Ну, что за новости! Ты же мне обещала, я так ждала!

7. Дайте совет:

(Реплика тестирующего: «Не сердись. У меня, кажется, высокая температура».)

— Если высокая температура — прими лекарство и обязательно вызови врача.

8. Выразите несогласие:
(Реплика тестирующего: «А ты пригласи мою сестру, она с удовольствием пойдёт».)
— Нет, извини, я не хочу, я же с тобой хотела пойти.

Образец выполнения задания 4
(позиция 13)

Фрагмент из фильма «Время первых». Примерный ответ испытуемого.

В комнате лежит больной мужчина. У него что-то с ногой (проблема с ногой). Вдруг открылось окно, и в комнату влез какой-то человек. Может быть, он военный. Мне кажется, что действие фильма происходит не сейчас, одежда у этого мужчины несовременная.

Больной, который лежал в кровати, был не рад, он не хотел разговаривать с этим человеком и читал журнал. Но второй мужчина делал вид, что всё нормально. Он достал из рюкзака какие-то металлические вещи (предметы) и сказал, что они будут вместе работать. Больной мужчина не соглашался. Он сказал, что Алексей — так зовут мужчину, который влез в окно, — ничего не боится и что это плохо. Поэтому он не хочет с ним ничего делать. Но Алексей не слушал его. Он сделал какой-то тренажёр (аппарат) и предложил больному мужчине попробовать позаниматься. Больной попробовал. Аппарат сломался. Больному было очень больно. Он рассердился и закричал на Алексея, бросил в него подушку. В это время в комнату вбежала женщина в медицинской одежде, наверное, это медсестра, потом вошёл врач. Алексей сказал врачу, что у них всё хорошо. А больной мужчина продолжал кричать: «Уйди!» И Алексей ушёл.

Наверное, раньше эти мужчины вместе работали, вместе что-то делали. Может быть, произошла авария, и один мужчина попал в больницу. Он сердится на Алексея, не хочет с ним разговаривать, а Алексей хочет, чтобы он быстрее выздоровел, поэтому он просит его заниматься / тренироваться. Но всё закончилось плохо, больной мужчина рассердился и выгнал Алексея.

ВАРИАНТ II

Образец выполнения задания 1
(позиции 1–4)

1. (Реплика тестирующего: «Магазин просто **замечательный!**»)
— Да, **отличный** магазин.
2. (Реплика тестирующего: «И выбор продуктов **такой большой**».)
— Точно, выбор **огромнейший**.
3. (Реплика тестирующего: «А продавцы какие **внимательные**...»)
— Да, такие **чуткие** и **заботливые** — просто удивительно.
4. (Реплика тестирующего: «И цены вполне **нормальные**».)
— Действительно, цены **демократичные**, всем по карману.

Образец выполнения задания 2
(позиции 5–8)

5. Выразите сожаление:
(Реплика тестирующего: «Ну что? Директор одобрил вчера ваши предложения?»)
— Нет, он против. Мне ужасно жаль.
6. Выразите несогласие:
(Реплика тестирующего: «Неудивительно, ведь вы же так мало над ними работали».)
— Почему ты так думаешь?! Мы целый месяц работали, не жалея сил!
7. Выразите безразличие:
(Реплика тестирующего: «Теперь вам могут и премию не дать».)
— Ну и пусть. Мне это уже неважно...

8. Вы затрудняетесь с ответом:
(Реплика тестирующего: «И что же вы будете делать с этим проектом?»)
— Трудно сказать, надо подумать.

Образец выполнения задания 4
(позиция 13)

Фрагмент из фильма «Мой парень — ангел». Примерный ответ испытуемого.

На улице одна женщина подбежала к парню и девушке и предложила им сняться в фильме. Было очень холодно, все были тепло одеты, только парень был в пальто, без шапки и без шарфа. Но кажется, что ему не холодно. Молодые люди согласились, и женщина сказала, что режиссёр сейчас объяснит им, что нужно делать. Режиссёр внимательно посмотрела на них, и они ей понравились. Она сказала, что нужно сыграть как будто они только недавно познакомились, их отношения только начинаются, они должны стоять и просто смотреть друг на друга. Девушка спросила, нужно ли будет целоваться. Было видно, что парень очень удивился, когда услышал это слово. Режиссёр еще раз повторила, что нужно просто стоять и смотреть друг на друга. Начали снимать фильм. Парень стоял и смотрел на девушку, а она вдруг засмеялась. Девушка сказала: «Извините» — и постаралась быть серьёзной. Несколько секунд они стояли и смотрели друг на друга. Шёл сильный снег, но кажется, им не было холодно. Потом режиссёр крикнула: «Стоп!» — и попросила парня подойти к ней. Режиссёр сказала молодому человеку, что ему нужно сниматься в кино, потому что у него лицо светится. Девушка спросила: «А у меня?» Режиссёр ответила, что у неё лицо не светится, ей нужно много работать над собой.

Как возникла эта ситуация? Наверное, парень и девушка гуляли и случайно оказались там, где на улице снимали кино. И может быть, не хватало артистов, которые играли неглавные роли. Парню и девушке предложили сыграть роли влюблённых, потому что они понравились режиссёру.

ИНСТРУКЦИЯ ДЛЯ ПРЕПОДАВАТЕЛЯ ПО ПРОВЕРКЕ МАТРИЦ С ПОМОЩЬЮ МОБИЛЬНОГО ПРИЛОЖЕНИЯ ZipGrade

Настоящее издание предполагает возможность **автоматической проверки** результатов тестирования (рабочих матриц учащихся) через смартфон с помощью мобильного приложения **ZipGrade**. Бесплатная версия данного приложения позволяет сканировать до 100 тестов (100 работ) в месяц. Если ваши потребности превышают это количество, вы можете оформить подписку по ориентировочной цене 7 долларов в год с неограниченным количеством сканирований.

Язык интерфейса приложения: английский.

Язык ввода имён учащихся: по выбору преподавателя, возможен русский.

Формат предъявления вопросов: на страницах данного печатного издания или с выводом на экран, дисплей мобильного телефона и т.п., если вы пользуетесь электронным изданием (например, с сайта www.litres.ru).

Подготовка к работе:

1. Загрузите приложение себе на смартфон (есть версии и для iOS, и для Android).

2. Заполните необходимые поля: Quizzes / New; Тесты / Новый, в карточке теста дайте ему название, выберите бланк ответов в соответствии с рабочей матрицей используемого вами теста в пособии (на 20, 50 или 100 ответов). Можно указать, для какого класса данный тест. На вкладке Edit Key / Изменить ключ отметьте правильные ответы в соответствии с контрольной матрицей или отсканируйте контрольную матрицу из пособия с помощью опции Scan for Key и сохраните её. После того как вы заполнили все поля для теста, нажмите Create Quiz / Создать тест.

3. Заполните данные в разделах Students / Ученики (можно только фамилии или псевдонимы — для использования их мно-

гократно в разных классах), Classes / Классы. В данные о классах можно включить конкретных учеников из введённого вами списка.

4. На сайте https://www.zipgrade.com/ в разделе Answer Sheets / Бланки ответов скачайте бланк ответов в соответствии с приведённой в настоящем издании рабочей матрицей, распечатайте нужное количество бланков и раздайте учащимся. Можно воспользоваться опцией Get answers sheet / Получить бланки в телефоне и получить нужный бланк на свою почту.

Проведение тестирования

1. Учащиеся подписывают бланки печатными буквами, указывают дату тестирования, класс, название теста.

2. Учащиеся выполняют тест: прочитав или услышав вопрос, закрашивают нужный вариант ответа A, B, C, D, E (в рабочей и контрольной матрицах издания, соответственно, буквы А, Б, В, Г, Д).

3. Для проверки зайдите в приложении в нужный тест и нажмите опцию Scan Papers / Сканирование документа. Наведите смартфон на первый заполненный учащимся бланк с рабочей матрицей, соединив чёрные квадратики на экране и на бланке. Важно: смартфон определяет границы листка, и необходимо, чтобы все 4 квадрата по краям листка были неповреждёнными. Приложение считывает ответы, сразу показывает фамилию учащегося, количество и процент правильных ответов.

4. Как только вы увидели по центру окно с именем учащегося и его результаты, работа считается проверенной, сохранение данных происходит автоматически. Можно сканировать ответ следующего учащегося, просто поменяв бланк.

5. Когда вы проверите все бланки, вернитесь на страницу с тестом и перейдите во вкладку Review Papers / Проверка документов. Здесь можно увидеть результаты каждого учащегося, а также проанализировать ответ на каждый вопрос у всего класса в целом. Все результаты можно сохранить или отправить на указанную вами почту.

РАБОЧИЕ МАТРИЦЫ ДЛЯ ZipGrade

Субтест 1. ЛЕКСИКА. ГРАММАТИКА

Имя   Дата

Группа   Тест

ID студента в ZipGrade

Key Version
A Б В Г Д

■ A B C D E ■ A B C D E
11 — 31
12 — 32
13 — 33
14 — 34
15 — 35
16 — 36
17 — 37
18 — 38
19 — 39
20 — 40

A B C D E ■ A B C D E ■ A B C D E
1 — 21 — 41
2 — 22 — 42
3 — 23 — 43
4 — 24 — 44
5 — 25 — 45
6 — 26 — 46
7 — 27 — 47
8 — 28 — 48
9 — 29 — 49
10 — 30 — 50

ZIPGRADE.COM

149

Имя		Дата	
Группа		Тест	

ID студента в ZipGrade

■ А Б В Г Д ■ А Б В Г Д

61 ◯◯◯◯◯ 81 ◯◯◯◯◯
62 ◯◯◯◯◯ 82 ◯◯◯◯◯
63 ◯◯◯◯◯ 83 ◯◯◯◯◯
64 ◯◯◯◯◯ 84 ◯◯◯◯◯
65 ◯◯◯◯◯ 85 ◯◯◯◯◯
66 ◯◯◯◯◯ 86 ◯◯◯◯◯
67 ◯◯◯◯◯ 87 ◯◯◯◯◯
68 ◯◯◯◯◯ 88 ◯◯◯◯◯
69 ◯◯◯◯◯ 89 ◯◯◯◯◯
70 ◯◯◯◯◯ 90 ◯◯◯◯◯

А Б В Г Д ■ А Б В Г Д ■ А Б В Г Д

51 ◯◯◯◯◯ 71 ◯◯◯◯◯ 91 ◯◯◯◯◯
52 ◯◯◯◯◯ 72 ◯◯◯◯◯ 92 ◯◯◯◯◯
53 ◯◯◯◯◯ 73 ◯◯◯◯◯ 93 ◯◯◯◯◯
54 ◯◯◯◯◯ 74 ◯◯◯◯◯ 94 ◯◯◯◯◯
55 ◯◯◯◯◯ 75 ◯◯◯◯◯ 95 ◯◯◯◯◯
56 ◯◯◯◯◯ 76 ◯◯◯◯◯ 96 ◯◯◯◯◯
57 ◯◯◯◯◯ 77 ◯◯◯◯◯ 97 ◯◯◯◯◯
58 ◯◯◯◯◯ 78 ◯◯◯◯◯ 98 ◯◯◯◯◯
59 ◯◯◯◯◯ 79 ◯◯◯◯◯ 99 ◯◯◯◯◯
60 ◯◯◯◯◯ 80 ◯◯◯◯◯ 100 ◯◯◯◯◯

Имя   Дата

Группа   Тест

ID студента в ZipGrade

■ А Б В Г Д   ■ А Б В Г Д

111 ○○○○○   131 ○○○○○
112 ○○○○○   132 ○○○○○
113 ○○○○○   133 ○○○○○
114 ○○○○○   134 ○○○○○
115 ○○○○○   135 ○○○○○
116 ○○○○○   136 ○○○○○
117 ○○○○○   137 ○○○○○
118 ○○○○○   138 ○○○○○
119 ○○○○○   139 ○○○○○
120 ○○○○○   140 ○○○○○

А Б В Г Д   ■ А Б В Г Д   ■ А Б В Г Д

101 ○○○○○   121 ○○○○○   141 ○○○○○
102 ○○○○○   122 ○○○○○   142 ○○○○○
103 ○○○○○   123 ○○○○○   143 ○○○○○
104 ○○○○○   124 ○○○○○   144 ○○○○○
105 ○○○○○   125 ○○○○○   145 ○○○○○
106 ○○○○○   126 ○○○○○   146 ○○○○○
107 ○○○○○   127 ○○○○○   147 ○○○○○
108 ○○○○○   128 ○○○○○   148 ○○○○○
109 ○○○○○   129 ○○○○○   149 ○○○○○
110 ○○○○○   130 ○○○○○   150 ○○○○○

ZipGrade.com

Субтест 2. ЧТЕНИЕ

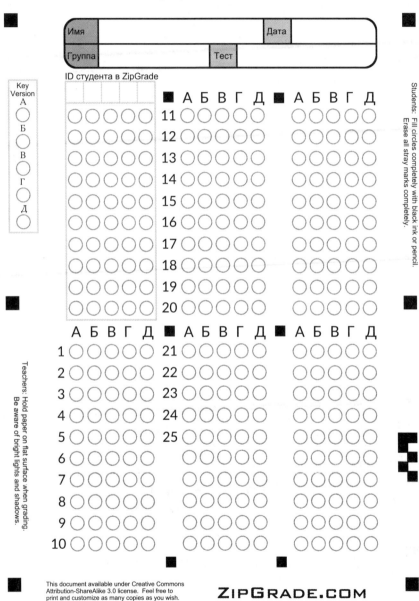

ZIPGRADE.COM

Субтест 3. АУДИРОВАНИЕ.

Имя		Дата	
Группа		Тест	

ID студента в ZipGrade

■ А Б В Г Д ■ А Б В Г Д

11 ○○○○○   ○○○○○
12 ○○○○○   ○○○○○
13 ○○○○○   ○○○○○
14 ○○○○○   ○○○○○
15 ○○○○○   ○○○○○
16 ○○○○○   ○○○○○
17 ○○○○○   ○○○○○
18 ○○○○○   ○○○○○
19 ○○○○○   ○○○○○
20 ○○○○○   ○○○○○

А Б В Г Д ■ А Б В Г Д ■ А Б В Г Д

1 ○○○○○   21 ○○○○○   ○○○○○
2 ○○○○○   22 ○○○○○   ○○○○○
3 ○○○○○   23 ○○○○○   ○○○○○
4 ○○○○○   24 ○○○○○   ○○○○○
5 ○○○○○   25 ○○○○○   ○○○○○
6 ○○○○○   ○○○○○   ○○○○○
7 ○○○○○   ○○○○○   ○○○○○
8 ○○○○○   ○○○○○   ○○○○○
9 ○○○○○   ○○○○○   ○○○○○
10 ○○○○○   ○○○○○   ○○○○○

ZipGrade.com

КОНТРОЛЬНЫЕ МАТРИЦЫ ДЛЯ ZipGrade. ВАРИАНТ I

Субтест 1. ЛЕКСИКА. ГРАММАТИКА

Имя		Дата	
Группа		Тест	

ID студента в ZipGrade

Key Version
А
Б
В
Г
Д

	А	Б	В	Г	Д		А	Б	В	Г	Д
11		●				31		●			
12		●				32	●				
13			●			33		●			
14	●					34	●				
15				●		35				●	
16	●					36	●				
17				●		37			●		
18	●					38		●			
19			●			39				●	
20				●		40	●				

	А	Б	В	Г	Д		А	Б	В	Г	Д		А	Б	В	Г	Д
1			●			21			●			41	●				
2		●				22		●				42				●	
3	●					23	●					43		●			
4			●			24			●			44			●		
5			●			25			●			45		●			
6	●					26		●				46				●	
7		●				27			●			47				●	
8			●			28		●				48			●		
9	●					29			●			49		●			
10				●		30				●		50		●			

ZIPGRADE.COM

Имя | Дата

Группа | Тест

ID студента в ZipGrade

Key Version A

ZIPGRADE.COM

Тестовый практикум по русскому языку как иностранному

| Имя | | Дата | |
| Группа | | Тест | |

ID студента в ZipGrade

Key Version
A
Б
В
Г
Д

■ А Б В Г Д ■ А Б В Г Д

111 131
112 132
113 133
114 134
115 135
116 136
117 137
118 138
119 139
120 140

А Б В Г Д ■ А Б В Г Д ■ А Б В Г Д

101 121 141
102 122 142
103 123 143
104 124 144
105 125 145
106 126 146
107 127 147
108 128 148
109 129 149
110 130 150

Субтест 2. ЧТЕНИЕ

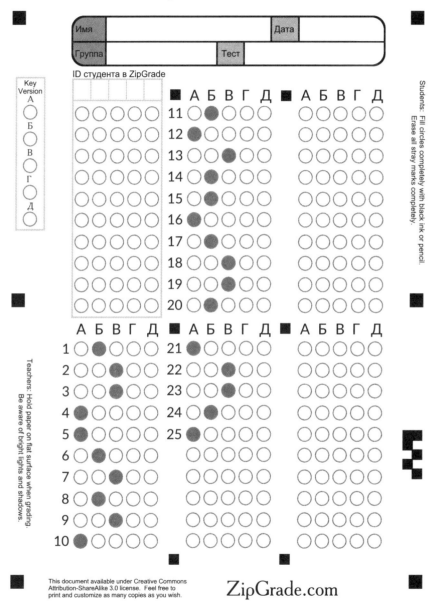

ZipGrade.com

Тестовый практикум по русскому языку как иностранному

Субтест 3. АУДИРОВАНИЕ

This document available under Creative Commons Attribution-ShareAlike 3.0 license. Feel free to print and customize as many copies as you wish.

ZipGrade.com

ЧТЕНИЕ

КОНТРОЛЬНЫЕ МАТРИЦЫ ДЛЯ ZipGrade. ВАРИАНТ II

Субтест 1. ЛЕКСИКА. ГРАММАТИКА

Имя   Дата

Группа   Тест

ID студента в ZipGrade

Key Version
А Б В Г Д

ZIPGRADE.COM

ZIPGRADE.COM

Субтест 2.

Имя

Дата

Группа

Тест

Key Version A

Key Version A

ID студента в ZipGrade

ID студента в ZipGrade

ZIPGRADE.COM

Субтест 3. АУДИРОВАНИЕ

ZIPGRADE.COM

ВЫ МОЖЕТЕ ПРИОБРЕСТИ ЭЛЕКТРОННЫЕ ВЕРСИИ НАШИХ КНИГ В ИНТЕРНЕТ-МАГАЗИНАХ И В ЭЛЕКТРОННЫХ БИБЛИОТЕКАХ:

«ЛитРес»: http://www.litres.ru/zlatoust
«Айбукс»: http://ibooks.ru
«Инфра-М»: http://znanium.com
«Интеракт»: LearnRussian.com, amazon.com, book.megacom.kz, book.beeline.am, book.beeline.kz
РА «Директ-Медиа»: http://www.directmedia.ru
Amazon: www.amazon.com
ООО «ЛАНЬ-Трейд»: http://e.lanbook.com, http://globalf5.com
ОАО ЦКБ «БИБКОМ»: www.ckbib.ru/publishers

Форматы:
Для ридеров: fb2, ePub, ios.ePub, pdf A6, mobi (Kindle), lrf
Для компьютера: txt.zip, rtf, pdf A4, html.zip,
Для телефона: txt, java

КНИЖНЫЕ ИНТЕРНЕТ-МАГАЗИНЫ:

OZON.RU: http://www.ozon.ru

Интернет-магазин Books.ru: http://www.books.ru; e-mail: help@books.ru
Тел.: Москва +7(495) 638-53-05, Санкт-Петербург +7 (812) 380-50-06

BookStreet: http://www.bookstreet.ru
Тел.: +7 (812) 326-01-27, 326-01-28,
Санкт-Петербург. В.О. Средний проспект, д. 4,
здание института «Гипроцемент».
Часы работы: понедельник — пятница: с 9:00 до 18:30.